群馬学の確立にむけて
群馬学連続シンポジウム
6

はじめに

昨年、二〇一四年は、群馬県にとって記念すべき慶賀の年となりました。「富岡製糸場と絹産業遺産群」が、ユネスコの世界遺産委員会によって世界文化遺産に登録されました。さらに錦上花を添えるがごとく、群馬県には国宝が一件も存在していなかったところ、富岡製糸場の「繰糸所」「東置繭所」「西置繭所」の三棟が、国の文化審議会の答申を経て国宝に指定されました。これらの慶事にさらに慶びが重なり、ゆるキャラグランプリで「ぐんまちゃん」が県民の悲願であった第一位を獲得することにもなりました。

この快哉事の背後には、富岡製糸場については片倉工業が企業論理を優先させることなく、わが国の近代化を支えた歴史的・文化的な価値を有する絹産業遺構であるという認識の下で保全に努めてこられた高邁な精神が存在し、次いで、群馬は日本のシルクカントリーであるとして、絹の国の地元新聞社として二十年も前から今日あることを期して着実に群馬の養蚕文化に光を当ててきた上毛新聞社の先見性があり、行政においては二〇〇三年に富岡製糸場に対する「ユネスコ世界遺産登録するためのプロジェクト」を始動させ、二〇〇六年には重要文化財指定を受けるなど本格的な取り組みがあり、絹産業遺産に対する県民の思いの定着とともに世界文化遺産登録への環境の整備がありました。

改めて世界文化遺産に登録された要点を確認しますと、日本の近代化に寄与したのみならず、絹産業の国際的技術の交流や革新を伝える価値を有すると世界的視座からの評価となっております。また国宝指定においても「重要文化財のうち世界文化の見地から価値の高いもので、たぐいない国民の宝たるもの」とあるように、国内的価値が世界文化の見地から世界とも通底するという国際的な観点からの判断となっております。

本学は、地域貢献と国際化とを大学の理念として掲げ、地域社会の進展に寄与し、国際化した社会に対応すべく尽力してきました。こうした本学における群馬学の確立に向けての取り組みは、群馬県の歴史、風土、文化、芸術、言葉、産業、経済など多方面に渡りますが、地域の特殊性を確認するための追究ではなく、群馬学の確立が、国際化すなわち世界とも通底する普遍性という遠景を視野に入れつつの取り組みであります。悠久なるシルクロードの歴史において、その東端に位置した日本、その日本における絹の国たる群馬の地に展開した日本の近代化を底支えした絹産業は、今や「富岡製糸場と絹産業遺産群」として世界文化遺産となりましたが、まさにこの時点からこそ、世界遺産とその周囲に点在する「ぐんま絹遺産」に対する学術的観点からの継続的な研究の重要度が、群馬学の上からも一層増してきたのではないかとの思いが募っております。

さて、『群馬学の確立にむけて』第六集は、群馬学連続シンポジウムの第二十一回から第二十五回までの内容を収録します。今回も群馬の多様な文化状況を発掘する多彩なシンポジウムを収録することになり、実に多くの方々に結集していただきました。まず、上毛三山を巡る歴史と信仰、文学と絵画を文化景観の切り口から検討し、次いで天明三年の浅間焼けの検証を通して減災文化を学び、また演劇に対する県民の意識の高さを「芝居の国」として位置づけ、さらに新年から県民が期待する第二次群馬県初代県令楫取素彦の夫人がヒロインの大河ドラマ「花燃ゆ」の放送が始まりましたが、楫取素彦が群馬県に残した薫陶と遺産に対して学術的な立場から光を当てました。

二〇一五年二月

群馬学センター長・群馬県立女子大学長　濱口　富士雄

目次

第21回
群馬学
連続シンポジウム

上毛三山の謎に挑む

平成二十三年十月二十九日（土）十三時三十分〜十六時
群馬県立女子大学講堂

基調報告①

東歌によまれた上毛三山

群馬県立女子大学文学部教授　北川　和秀

東歌の中心・上野国歌

私は「東歌（あずまうた）によまれた上毛三山」というテーマでお話をいたします。『古事記』には、残念ながら上毛三山は出てきませんので、日本における文学作品の一番古いものとして『万葉集』の中に、主に榛名山が出てきますので、どんなふうに詠われているのかをみていきます。

お手元に示したのは『万葉集』にある上野国（かみつけののくに）関係の歌のリストです。いくつかに分類してあり、最初の二重丸が上野国東歌です。（　）内は万葉集の歌番号です。

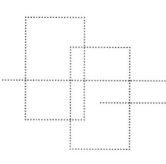

□で囲った部分が国名です。上毛野と書いてある部分を□で囲みました。□は郡の名前です。多胡郡、利根郡、新田郡といった郡の名前を四角で囲みました。それ以外の地名が棒線で示してあります。また、黒い▲は上毛三山、△はそれ以外の山を示します。

◎上野国東歌（巻一四）

1．相聞歌

△①日の暮に碓氷の山を越ゆる日は夫なのが袖もさやに振らしつ（三四〇二）

②吾が恋は現在もかなし草枕多胡の入野の将来もかなしも（三四〇三）

③上毛野安蘇の真麻群かき抱き寝れど飽かぬを何どか吾がせむ（三四〇四）

④上毛野乎度の多杼里が川路にも子らは逢はなも一人のみして（三四〇五）

⑤上毛野小野の多杼里が安波治にも夫なは逢はなも見る人なしに（三四〇五或本歌）

⑥上毛野佐野の茎立ち折りはやし吾は待たむゑ今年来ずとも（三四〇六）

⑦上毛野真桑島門に朝日さしまぎらはしもなありつつ見れば（三四〇七）

△⑧新田山嶺には着かなな吾によそり間なる子らしあやに愛しも（三四〇八）

▲⑨伊香保ろに天雲い継ぎかぬまづく人とおたはふいざ寝しめとら（三四〇九）

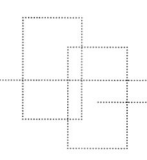

▲⑩伊香保ろの岨(そひ)の榛原(はりはら)ねもころに将来(おく)をなかねそ現在(まさか)し善(よ)かば（三四一〇）

△⑪多胡(たご)の嶺(ね)に寄綱延(よせつなは)へて寄すれどもあにくやしづしその顔よきに（三四一一）

▲⑫上毛野 久路保(くろほ)の嶺(ね)ろの葛葉(くずは)がた愛(かな)しけ子らにいや離(ざか)り来(く)も（三四一二）

⑬利根 川の川瀬も知らず直(ただ)渡り波にあふのす逢へる君かも（三四一三）

▲⑭伊香保ろの八尺(やさか)の井手(ゐで)に立つ虹(のじ)の顕(あらは)ろまでもさ寝をさ寝てば（三四一四）

▲⑮上毛野 伊香保の沼に植ゑ小水葱(こなぎ)かく恋ひむとや種求めけむ（三四一五）

⑯上毛野 可保夜(かほや)が沼のいはゐ曼(つら)引かばぬれつつ吾(あ)をな絶えそね（三四一六）

⑰上毛野 伊奈良(いなら)の沼の大藺草(おほゐぐさ)外(よそ)に見しよは今こそ勝(まさ)れ（三四一七）

⑱上毛野 佐野田(さのだ)の苗のむら苗に事は定めつ今はいかにせも（三四一八）

▲⑲伊香保せよ奈可中次下思ひどろ隈こそしつと忘れせなふも（三四一九）

⑳上毛野 佐野の舟橋(ふなはし)取り放(はな)し親は離(さ)くれど吾(わ)は離(さか)るがへ（三四二〇）

▲㉑伊香保嶺(ね)に雷(かみ)な鳴りそね吾(わ)が上(へ)には故(ゆゑ)はなけども子らによりてそ（三四二一）

▲㉒伊香保風吹く日吹かぬ日ありと言へど吾(あ)が恋のみし時なかりけり　（三四二二）

▲㉓上毛野 伊香保の嶺(ね)ろに降(ふ)ろ雪(よき)の行き過ぎかてぬ妹が家のあたり　（三四二三）

2. 譬喩歌(ひゆか)

△①上毛野 阿蘇山葛(あそやまつづら) 野を広み延(は)ひにしものをあぜか絶えせむ　（三四三四）

▲②伊香保ろの岨(そひ)の榛原(はりはら)吾(わ)が衣(きぬ)に着(つ)きよらしもよひたへと思へば　（三四三五）

△③しらとほふ小(を)新田(にひた)山(やま)の守(も)る山の末枯(うらが)れせなな常葉(とこは)にもがも　（三四三六）

3. 国名不明歌のうち、上野国の歌の可能性があるもの

△①佐野山に打つや斧音(をのと)の遠かども寝(ね)もとか子ろが面(おも)に見えつる　（三四七三）

△②子持山若鶏冠木(こもちやまわかかへるで)の黄葉(もみ)つまで寝もと吾(わ)は思(も)ふ汝(な)は何(あ)どか思(も)ふ　（三四九四）

△③伊波保(いはほ)ろの岨(そひ)の若松限りとや君が来まさぬうらもとなくも　（三四九五）

△④左和多里(さわたり)の手児(てご)にい行き逢ひ赤駒が足掻(あが)きを速み言問(こと)はず来(き)ぬ　（三五四〇）

△⑤真金(まかね)吹く丹生(にふ)の真朱(まそほ)の色に出て言はなくのみそ吾(あ)が恋ふらくは　（三五六〇）

◎上野国防人歌（巻二〇）

①難波道（なにはぢ）を行きて来（く）までと吾妹子（わぎもこ）が着（つ）けし紐が緒（を）絶えにけるかも（四四〇四）

②吾（わ）が妹子（いもこ）がしぬひにせよと着（つ）けし紐糸になるとも吾（わ）は解かじとよ（四四〇五）

③吾（わ）が家（いは）ろに行かも人もが草枕旅は苦しと告げ遣（や）らまくも（四四〇六）

▲④ひな曇（くも）り碓日（うすひ）の坂を越えしだに妹が恋しく忘らえぬかも（四四〇七）

『万葉集』巻一四は丸々そっくり東歌の巻ですが、その中に上野国の歌が少なからず載せられております。少なからずと言うより、国別に分けた東歌の中では上野国の歌が一番多い。これは幸いですが、小分類の1が相聞歌、恋の歌です。上野国の相聞歌は二十三首あります。2は譬喩歌と言って、これも恋の歌ですが、何か譬喩をもって恋の想いを詠う歌です。上野国歌が三首あります。3は上野国の歌と書いてないですが、詠まれている地名から考えて上野国の歌の可能性があるものを五首拾いました。佐野山であるとか子持山（こもち）、佐和多里（さわたり）と出て参ります。次に東歌ではありませんが、上野国防人（さきもり）歌というのが巻二〇に四首載っているので、参考のために載せました。一覧表では二つ目の二重丸となっています。

北川　和秀

榛名山全体を指した「伊香保」が頻出

さすがに群馬は山が沢山あるので、東歌にも山を詠ったものが多い。その中でも、これだけ黒い三角があり、上毛三山を詠ったものが多いことが分かりますが、これらの大部分は伊香保です。一つだけ⑫「上毛野久路保の嶺ろの葛葉がた」の〝久路保の嶺〟が赤城山の事だという説がありますが、残りの黒三角は全て伊香保です。今は町村合併で渋川市となった温泉のある所が伊香保ですが、奈良時代の伊香保は榛名山全体を指していました。

伊香保の語源は「いか」（厳）＋「ほ」（穂）

その伊香保の語源を考えてみましょう。語の構成を分析しますと、「いか」（厳）と「ほ」（穂・秀）の二つの部分に分けられようかと思います。

「ほ」（穂・秀）という言葉の基本的な意味は、突き出ているもの、他から抜きん出ているものということです。稲穂なんかも尖っていますし、槍の穂先、波の穂など、どれも語源は同じものにあたります。炎も、現代仮名遣いだと「ほのお」と書いてしまうので語源が分かりにくくなってしまっていますけれども、旧仮名だと「ほのほ」と書きます。上の「ほ」は火の事で、下の「ほ」は、稲穂とか槍の穂先とかの穂と同じで、蝋燭の炎の形を思い浮かべるとお分かりになると思います。火が尖がっている形、槍の穂先と同じような形をしていますね。ですから「火の穂」。

なので、山の名前によくこの「穂」が使われています。高千穂であるとか穂高などというのは、この穂と同じものと考えられるので、「伊香保」の「ほ」も同じものと考えてよろしかろうと思います。

残るは上の「いか」(厳)の部分ですが、『岩波古語辞典』や、先週出たばかりの『古典基礎語辞典』という辞書によれば、「内部の力が充実していて、その力が外形に角張って見えている状態」が基本的な意味合いと理解されています。「いかづち」(雷)であるとか、「いかし」(厳し)とか、「いかめし」(厳めし)、「いかる」(怒る)などという言葉は、どれもこの語の基本的な意味を含むものであろうと考えられています。

榛名の何が「厳」なのか。山の姿か、雷の巣窟か、噴火か

具体的に、その「内部の力が充実していて、その力が外形に角張って見えている」という状態が、榛名山のどんな部分を捉えているのかということが問題になります。そこで仮説として三つ挙げておきました。少なくとも、このどれかだと考えられます。

一つは、山の姿です。非常に厳しいというよりも、形が非常に整っていて神々しい威厳があるという、山の形からきたとの考え方。

二つ目は、榛名山は雷の巣窟ということがあります。夏になると榛名山でしばしば雷が鳴っており、大きな雷がいくつも発生するといった要素。

三つ目の考え方としては火山ということです。榛名山は、今はもう静まっていますが、五、六世紀には噴火したことがあります。実際に噴火していた時代があり、火の山です。当時の人はマグマを知りませんから、火山活動は山の神が怒っていると考えたのでしょう。だから、これは怒るの「いか」ということで、火山という性格から「伊香保」という名前が出たかと思われます。

どれかは決めがたいのですが、火山が一番可能性があると思います。『万葉集』東歌の頃は奈

良時代、八世紀なので噴火していなかったかもしれません。でも、煙くらいは出ていたかもしれないし、榛名山が噴火したという事は記憶にある、少なくとも言い伝えに残っていて近い記憶としてあったでしょうし、「伊香保」という名前だって『万葉集』の頃に出来たわけではなくて、もっと前の時代にその命名はもう済んでいたでしょうから、由来としては火山からきているというのはありうる事だと思います。

分からない「久路保」の「久路」の語源

一方、赤城の可能性があるかもしれない歌として「久路保(くろほ)の嶺(ね)ろ」が出ていると申しましたが、この「久路保」についても語源を考えると、「保」は伊香保の「保」と同じで、山を表す接尾辞のようなものと見てよろしかろうと思います。

「久路」が分からない。文字通り黒い、白いの、黒と見ていいのか。田んぼの畔を「くろ」という言い方があるので、ひょっとしたらそれなのか。

そこで参考になるかと地名事典で「くろ」が付く山の名前を拾いました。黒髪山、黒川山、黒駒山、黒河山、倶留尊(くろそ)山、黒滝山、黒姫山、黒森山、黒檜岳、黒岩山……。日本各地に「くろ」を含む山の名前があります。それぞれ由来があるのでしょうが、どれと「久路保」が結びつくか分からない。今朝まで考えていたのですが、分からない。挑み続けなければならない課題です。

久路保＝赤城と直結していいのか

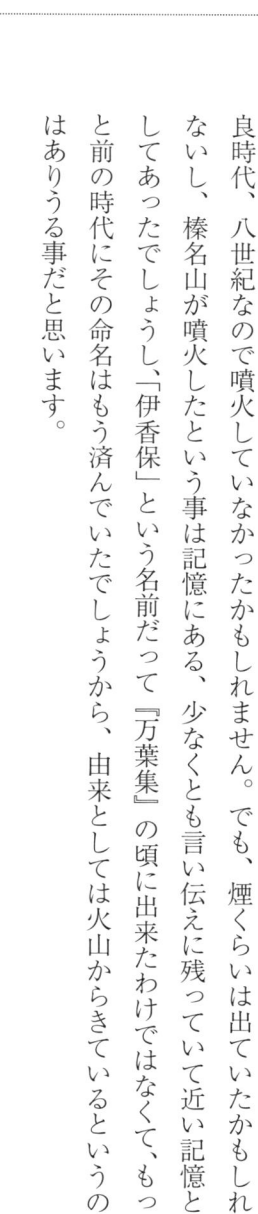

その久路保。赤城山の事とされていますが、『万葉集』の色々な注釈書を見ても「赤城山のことか」

とか「赤城山の事とされる」と書かれているばかりで、群馬県出身の土屋文明さんは『万葉集私注』で、はっきりと「さしたる根拠はない」と断定しておられるほどです。久路保＝赤城説には慎重に対処する必要があります。

では、なぜ久路保＝赤城説があるかと言うと、赤城山の最高峰が黒檜山（くろびさん）で、これが久路保と似ているという、ほぼそれが唯一の根拠になっています。

平成の町村合併などで無くなってしまった地名ですが、赤城山の東の麓に黒保根村（くろほねむら）という村がありました。赤城山の北西の麓には久呂保村（くろほむら）がありました。そういった地名があることも久路保を赤城と考える根拠になると思いがちですが、これらの地名は両方とも明治二十二（一八八九）年に全国規模で行われた大規模な町村合併の時に、黒保根村の場合は八カ村、久路保村の場合は三カ村が合併して新しい村が出来た、その新しく出来た村に、赤城山がかつて久路保の嶺と呼ばれていたという説を根拠に名付けた新地名です。ですから、地名を根拠にして久路保を赤城山と考えるのでは話の順序が逆になってしまいます。これでは駄目なのですね。

神社の格からも赤城・伊香保が注目か

ということで、『万葉集』東歌の中には赤城が一つあるかないか、妙義山は全く無く、伊香保つまり榛名山が沢山出てきます。これが奈良時代の状況です。

話が飛びますが、『延喜式（えんぎしき）』神名帳という史料があります。『延喜式』は平安時代の初め頃に出来た一種の法令集ですが、その中に日本全国の主な神社のリストが載っています。神名帳と言います。上野国の項を見ると、上野国十二座とあって上野国の神社が十二社載せられています。

十二座は大三座、小九座に分けられています。神社の社格、ランクです。大社が三つ、小社が九つあるということです。

大社は甘楽郡の貫前(ぬきさき)神社。それから群馬郡の伊加保神社と勢多郡の赤城神社。『延喜式』では伊加保と書いています。群馬郡には伊加保神社の下にもう一つ榛名神社というのもありますが、こちらは小社。上毛三山のうち、伊加保神社と赤城神社は確かに社格の高い神社として、平安時代初めの頃にまつられているわけです。

加えて貫前神社も存在していますが、妙義はありません。妙義神社はこの神名帳には載っておりません。ですから、平安時代の初めくらいまでは、妙義山なり妙義神社には、あまりスポットライトが当たっていないという状況です。言い換えれば、『万葉集』の状況とよく似た状況だと思います。

東歌…地域の人が地域の視線で詠んだ歌

改めて東歌をご覧下さい。㉑と㉒の歌がちょっとおもしろい歌です。ご紹介しましょう。

㉑は「伊香保嶺に　雷(かみ)な鳴りそね　吾(わ)が上(へ)には　故(ゆゑ)はなけども　子らによりてぞ」という歌で、榛名山の雷を詠った歌です。㉒は「伊香保風　吹く日吹かぬ日　ありと言へど　吾(あ)が恋のみし時なかりけり」という歌で、冬の空っ風ですね。

ですから、雷・空っ風・かかあ天下の〝群馬の３Ｋ〟の中で、かかあ天下はありませんが、雷と空っ風はここに載っていて、この二首は生活に非常に密着した歌です。なので、これらの歌は単に伊香保が詠まれているというだけでなくて、実際に伊香保の麓や周辺で暮らしていた人達が詠んだ歌であろうと思われます。空っ風は北西の季節風として吹いてくるので、この歌を詠っていた人たちは榛名山の南東辺りに暮らしていたのでしょう。佐野とか高崎市街とか、この玉村町辺りも入るかもしれません。どの辺で詠われたのかも分かる歌ですね。

それから⑧の歌。「新田山　嶺には着かなな　吾によそり　間なる子らし　あやに愛しも」。上毛三山の歌ではありませんが、新田山は、太田市街のすぐ北方にそびえている金山の事とされています。金山は新田郡以外からは見えない山なので、明らかに新田郡の辺りで詠まれた歌であろうと思われます。

どの辺りで作られた歌かが分かり、それで伊香保の歌が多いということは、それだけ榛名山麓に住んでいた人たちが多かったと思われます。国府もちょうど榛名山麓と言いますか、今の前橋市元総社の辺りとされているので、そうした事も反映しているのでしょう。

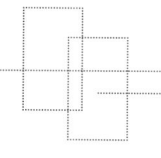

基調報告②

久路保・伊香保から赤城・榛名へ

群馬県立女子大学群馬学センター副センター長　熊倉　浩靖

北川さんのお話で、久路保を赤城とするさしたる根拠はないとのことで、少し困ってはいるのですが、赤城・榛名と呼ばれるようになった経緯について、仮説を提示したいと思っています。

謎を呼ぶ、勢多の赤城のから社

まずは赤城です。赤城の城という字を「き」または「ぎ」と読む読み方は、古い読み方です。上毛野君の始祖のことを豊城入彦と言います。その父とされる崇神天皇は御間城入彦五十瓊殖尊。そして崇神天皇の宮は磯城瑞籬宮。ここから、久路保＝赤城とする立場では、久路保の「黒」に対して赤城の「赤」で、「黒」と「赤」が四神信仰の北と南を指すということから、赤城は、南面から呼ばれた呼び方ではないだろうかという説がありますが、実は、赤城という信仰が広く東アジアに広がってきたことを、私たちは忘れてはならないと思います。

その事を私たちに教えてくれる歌があります。鎌倉三代将軍・源実朝の歌です。『金塊集』に収められている「かみつけの　勢多の赤城の　から社　やまとにいかで　跡を垂れけむ」という歌です。十三世紀初めの歌で、この「から社」をからっぽの社（空社）だという説もありますが、大和に対比されるとすれば、朝鮮あるいは中国を指す「から社」（韓社・唐社）である可能性が大きいと思います。
　中国で注目されるのは、天台山系の赤城（せきじょう）という山です。天台山というと、天台智顗（ちぎ）が中国仏教を大成した山として知られていますが、同時にそこは、道教の霊山でもありました。四世紀の東晋という王朝の時代に、孫綽（そんしゃく）という方が、この天台山と赤城の事を詠ってております。こんな賦（うた）です。

　　海を渉（わた）れば方丈（ほうじょう）、蓬莱（ほうらい）あり。陸に登れば、すなわち天台あり
　　理は隠るとして彰れざるはなく、二奇を啓（ひら）いて、もって兆（きざ）しを示す
　　赤城は霧のごとく起（そび）えて標（しるし）を建（な）す。瀑布飛び流れて、もって界（さかい）す
　　羽人（せんにん）は丹丘（あかきおか）に仍（したが）ひ、不死の福庭（めでたきくに）を尋ぬ

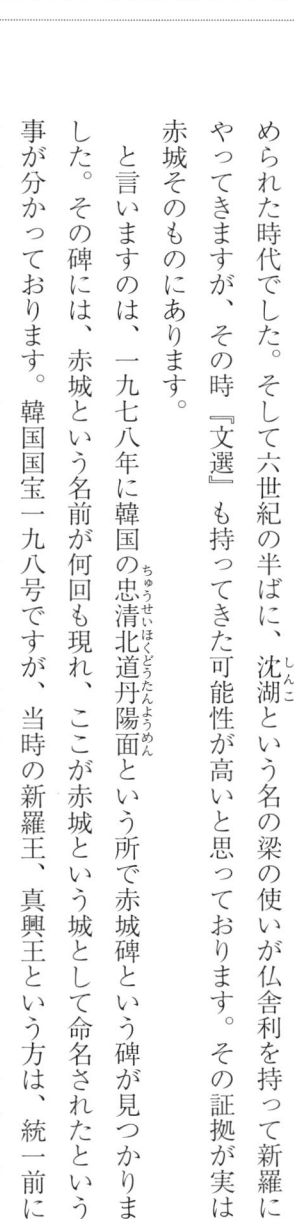

　天台という山は、海上の方丈や蓬莱に対して陸上の神仙境だ。そしてそこに行くには二つの兆しがある。一つは大きな滝で、もう一つは赤城と呼ばれる赤い霞のような地域だ。丹丘というのが赤城のことです。
　ただ、この赤城が、四世紀に、そのまま直ちに倭国に伝わったとは思われません。おそらくは、六世紀前半にまとめられた『文選（もんぜん）』という本を通してであろうと思われております。『文選』は、文章や書道の手本とされてきた本でした。古代の貴族や官僚達はよく読んでいた。実朝もまた『文選』をよく知っていたと思われます。
　では、すぐに『文選』が我が国にきたかというと、まずは新羅（しらぎ）に入った可能性があります。新羅は六世紀になって初めて中国の梁王朝と国交を結びますが、梁王朝の時代こそ『文選』がまと

められた時代でした。そして六世紀の半ばに、沈湖という名の梁の使いが仏舎利を持って新羅にやってきますが、その時『文選』も持ってきた可能性が高いと思っております。その証拠が実は赤城そのものにあります。

と言いますのは、一九七八年に韓国の忠清北道丹陽面という所で赤城碑という碑が見つかりました。その碑には、赤城という名前が何回も現れ、ここが赤城という城として命名されたという事が分かっております。韓国国宝一九八号ですが、当時の新羅王、真興王という方は、統一前に新羅の国土を一番広く広げた大変な開発王で、自分が新しい所を開く度に、ここは新羅領土だということを明らかにするために碑をつくっていきます。その最初の碑が赤城碑。赤城は、新羅北進最初の砦でした。

韓国の学会では、五四九～五六一年の間に赤城山城は作られ赤城碑も建てられたであろうと言っていますが、五四九年というのは、まさに梁使・沈湖が新羅の土地を踏んだ年でした。出来上がったばかりの『文選』がもたらされた。それを踏まえて、国土をさらに大きく広げていきたい、「福庭」を作りたい、そんな思いを込めて、北進最初の砦に赤城の名を付け、碑を建てたのではと推測したいと思います。

鍵となるか、上毛野君の王仁招聘の伝え

では、赤城から赤城へ、どう繋がるのか。

赤城の神の名前が確実に史料に現れるのは九世紀も半ばの承和九（八四二）年。『続日本後紀』という本に初めて現れます。先ほど貫前神社、伊香保神社の話がありましたが、貫前の神、伊香

保の神と並んで赤城の神が登場します。そうすると、『万葉集』にも赤城という名前が確認できないことから、平安時代に入って学識のある人が赤城と名を付けたのではないかという説も浮かび上がってきます。しかし、名神大社でありますが赤城神よりも格の低い上野国の神社の名が奈良時代の末にすでに出ておりますので、奈良時代には、赤城と命名された神社があったであろうと、多くの方が考えています。私も同感です。

そう考えると、『文選』と上毛野君の祖とされる人々との関係が再び持ち上がってまいります。

上毛野君の祖について、さまざまな伝承が知られていますが、皆さん、中学校か高校で「百済から王仁という博士が招かれて、我が国に論語や千字文をもたらした。ここに本格的な漢字・漢文の文明が伝えられた」という伝えを習われたことがあると思います。しかし、ここが一般重要なのですが、誰が王仁博士をお招きする使いとして派遣されたかは教わらない。実は『日本書紀』には、はっきり書いてあるんです。「上毛野君の祖、荒田別・巫別を百済に遣して、すなはち王仁を徴す」。王仁博士をお招きするのに派遣されたのは上毛野君の祖なんだと、はっきり書かれている。つまり、上毛野君の祖とされる人々、そして上毛野君と繋がる人々は、当代最高の学者を海外から招くに当たってふさわしい学識や外交能力を持っていたということです。

実際、上毛野君の祖のグループの中には、歴史書を作ったり、律令を作ったりすることに携わっている方が数多く見えてまいります。とすれば、その学識の中で、神の名、山の名に赤城を決めていった可能性があるのではないでしょうか。

まだまだ全くの仮説あるいは着想に過ぎないのですが、赤城の神はムカデだという伝えも気になります。秩父に聖神社という神社があって和銅発見の地と言われていますが、そこの御神体の一つが銅製のムカデです。奈良の都を開かれた元明天皇から下賜されたという伝えをもっておりますます。なぜ和銅の発見とムカデが繋がるかと言えば、道教の文献に『抱朴子（ほうぼくし）』という書がありまます。その中に、山に入るのには、蛇や魔物を圧する事の出来るムカデを生きたまま竹の管に入れて身につけなさいという事が書かれております。群馬県の古墳出土品の中には、蛇や龍というよりもムカデと見た方がいいような物も出てまいりますので、道教・仏教、その関係は複雑ですが、赤城の名と信仰には、中国・韓国の信仰との関係が色濃いように思われます。

伊香保と榛名―二社並存の謎

もう少し踏み込んだ議論ができそうなのが伊香保と榛名です。伊香保と榛名が重要なのは、先程、北川さんのお話にありましたように、伊香保神社と榛名神社は並んで存在しているという事です。

並存しているけれども、榛名神社の方が格下だというところにポイントがあります。なお、ここで言う伊香保神社は、今の伊香保温泉の石段の上の神社ではなくて、吉岡町の三宮（さんのみや）神社に関係するお社です。格下とはどういう事かというと、先程の北川さんのお話にあったように、伊香保神社・赤城神社・貫前神社は名神大社ですが、榛名神社は小社です。それから国史と言われる政府の刊行した歴史書の中に伊香保神社の名前は数多く出てまいりますが、榛名神社の名前は一度たりとも出てきません。榛名が優勢になってくるのは十五世紀以降のようです。

仮説―倭人の伊香保・韓人のハルナ

そこで、面白い事がございます。私たちは今の榛名山、榛名神社の「榛名」という字をもって「はるな」と読みますが、いろいろな資料の中には、椿名あるいは春夏の春名と書いて「はるな」とよんでいる事例が数多くあります。現に高崎市倉渕町権田の現在、椿名神社と呼ばれている神社は、もとは戸春名神社と呼ばれておりました。同じ高崎市神戸町（旧榛名町）の神社は戸榛名神社です。

赤城においては文字が重視されるのに対し、榛名は「はるな」という音が優先される、重視されると考えてよいのではないかと思われます。

音と言いますと、西毛地域の烏川、鏑川、神流川は、たぶん元々は全てカラ（韓）川であったと推測されます。榛名の南麓から群馬県西南部にかけては、下芝谷ツ古墳（高崎市箕郷町下芝）の金銅製の飾履（かざりぐつ）が象徴するように、渡来系文化が非常に色濃い地域です。だから甘楽郡や多胡郡が生まれていくのですが、そうなると、榛名は、伊香保という倭言葉に対する、韓風の呼び方ではなかっただろうかとの可能性が浮かび上がってきます。

またまた仮説なのですが、北川さんのお話にありましたように、伊香保は「厳＋穂」で、抜きん出て厳めしという意味で、厳めしさの中心は火山噴火である可能性が高い。現に西暦五〇〇年前後から六世紀の半ばにかけて、少なくとも二回の大噴火を示している。その大噴火で一つの山体が飛び散り、多くの所が埋まり人の命が失われていきました。そして伊香保温泉もこの時、誕生したと言われております。

これにあたる韓風の呼び方とすれば、韓国側にも証拠があるのではないか。そう思っておりましたら、済州島（さいしゅうとう）（チェジュド）に「ハルラ」山という火山があることが分かりました。韓国はお隣の国で、風土が大変よく似ているように思われますが、火山だけは、ほとんどありません。この済州島のハルラ山と鬱陵島（ウルルンド）、中朝国境の白頭山（ペクトウサン）くらいです。鬱陵島はもう死火山と言っていいと思いますので、韓国の人々が火山と言えば済州島のハルラ山でしょう。ハルラ山は十一世紀の初めに二回噴火をしていることが分かっております。七千年程前から何回か噴火をしている事が分かっています。したがって直接にハルラ山の噴火を体験したとまでは言えませんが、少なくとも噴火の伝えを持っていた韓からの渡来の人々が日本に渡って、榛名山の爆発に直面したとしたら「ああ、ハルラのようだ」と呼んだ可能性があるのではないでしょうか。

済州島は今、リゾートとして大変有名ですが、元々韓半島の本土側に比べて、大変独立性の強い地域でありました。その対岸の韓半島南西部、百済の地は、上毛野君や王仁博士と関係の深い地域です。済州島には日本列島との関係を思わせる伝説も残っています。列島と半島を繋ぐ火山の島です。この大きな展開の中で、私たちの榛名をもう一度見直していく視点の必要があるように思われます。

妙義の謎—波己曽社（はこそ）の行方

最後は妙義です。妙義神社も中之嶽（なかのたけ）神社も古社は波己曽（はこそ）社だと言っております。そして山麓には七波己曾という伝えがございます。

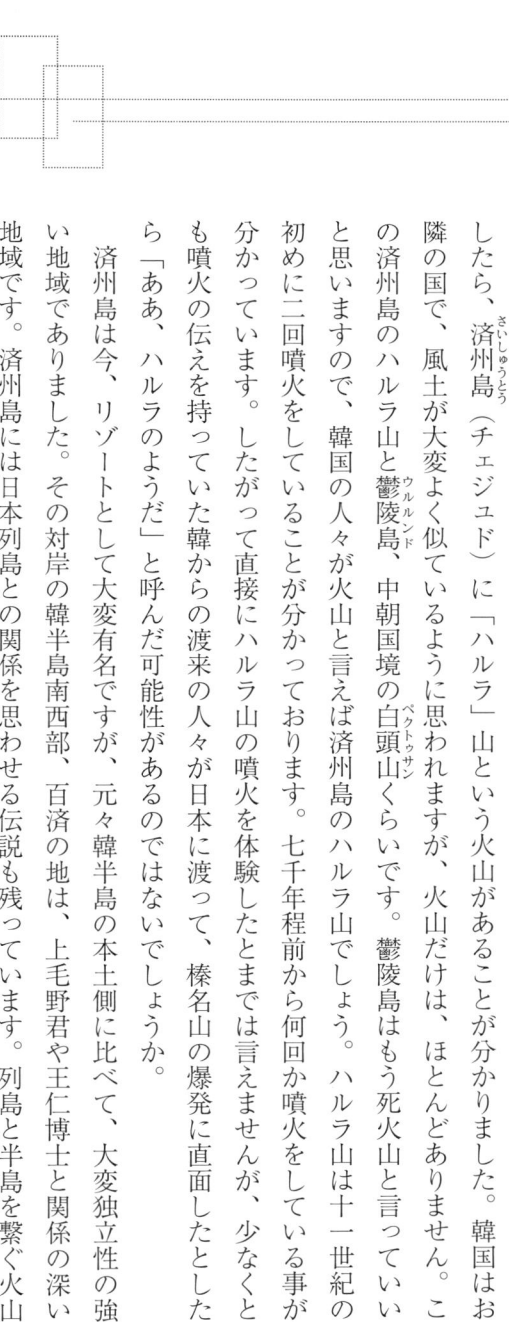

では波己曾とは何だろうかと考えますと、年配の方だと覚えてらっしゃるかと思いますが、村社（むらこそ）さんというマラソンランナーがいらっしゃったと思います。「社」という字は「こそ」とも

読むんですね。そうすると、波己曾とは波（は）の社（こそ）ということになります。また「こそ」のつく有名な神社として比売許曾（ひめこそ）神社というのが摂津にあります。大阪です。新羅渡来の阿加流比売（あかるひめ）をまつったと言われております。貫前神社の渡来女神の話とも重なる面を持っているように思われます。

そうなると、「は」は、岩（いは）の「い」が脱落した形なのか、山の端（は）の「は」なのか。後で北川さんに教えを請いたいと思っていますが、そんな神社です。

先ほど国史と申しましたが、波己曾社は国史にも三回も登場します。九世紀の終わり近くまで三回も出て参ります。しかし『延喜式』神名帳には何と波己曾社の名前はございません。妙義社もなければ波己曾社もございません。波己曾社は忽然と姿を消してしまう。これは異常です。いかに異常かと言えば、群馬県に関わる重要な神社を全て並べた中で、貫前、赤城、伊香保、これらはずっと続いております。その次に高い位を持っていながら、『延喜式』以降、波己曾社は見えなくなってしまう。伊香保と榛名で言えば、榛名も初めは出ていませんが、『延喜式』以降名前が出てくる。伊香保と並んでくる。これに対して波己曾社は名前が消えてしまう。

さあ、これをどう解いたらいいのか。この謎を私は解ききれていないのですが、その波己曾社を妙義神社も中之嶽神社も古社だと言っている。一宮の貫前神社が渡来女神の伝えを持っていることと合わせて検討を深めたい課題です。

パネルディスカッション

國學院大學文学部講師　大工原　豊
立正大学文学部准教授　時枝　務
群馬県立女子大学文学部教授　北川　和秀
群馬県立女子大学群馬学センター副センター長　熊倉　浩靖

熊倉　私どもに加えて、考古学と宗教史のお二人の方をお招きいたしました。考古学からは大工原豊さん。國學院大学で講師をされております。宗教史については時枝務さん。立正大学で准教授を務めていらっしゃいます。

三山全体の話も難しいので、まずは、赤城、榛名、妙義それぞれに分けながら、大工原さんに考古学的な分野から口火を切っていただきたいと思います。

赤城南麓の枢軸ライン

大工原　私の専門は、縄文時代とか旧石器とかの古い時代なので、主に縄文時代の話をしていきたいと思います。

まず、赤城南麓には枢軸ラインがあるというお話をさせていただきます。

大工原　豊

図１　赤城山麓の遺跡

地図で示した通りですが、赤城山の真南に信仰に関係するような遺跡が各時代とも点々と存在しています。大室古墳群や産泰神社、石山観音は有名ですから皆さんご存知ですが、それ以外にも様々な遺跡が存在しています。

一番古く、明らかに人間が赤城山を意識したと見られる根拠になるのが前橋市の柳久保遺跡です。縄文時代の前期と見られていますが、土を掘る道具と言われている打製石斧が二つ赤城山の方向に立てた状態で出てきたと言われています。同時代の周辺の頭無遺跡でも石器を赤城山の方向に向けているので、偶然ではなく、明らかに赤城山と赤城南面に関連性があった事が分かります。

時代は飛んで古墳時代。五世紀ぐらいですが、赤城の中腹に櫃石という巨石があって明らかに祭祀がされています。あるいは西大室丸山遺跡。産泰神社の周辺です。ここの巨石の所で古墳時代の祭りが行われていました。どのような祭祀が行われていたかと言うと、高坏や䃜というお酒を入れる器、あるいは石製模造品という鏡や剣、勾玉、いわゆる三種の神器のミニチュアを石で作ったものが捧げられています。鏡や剣、勾玉の本物はもったいないので、このような石製の模造品でたくさん作って、これを巨石の周りにたくさん納めて、宴会もしたのでしょう。

次に古墳時代の統治拠点としての赤城南面にスポットを当てます。西大室丸山遺跡よりちょっと新しい六世紀に入ると、前二子（まえふたご）・中（なか）二子・後（うしろ）二子と呼ばれて皆さんもご存知の前方後円墳が三つある大きな古墳群が現れます。大室古墳群と言われています。その被葬者である豪族が住んでいたと言われている梅木（うめのき）遺跡が東側にあります。ここが赤城山の南の辺りの統治拠点であった事は明らかです。

ここでは新たな築造技術を導入して古墳が造られています。前二子古墳と呼ばれている古墳ですが、横穴式の石室です。それまでの竪穴式石室に比べて高い技術を要するもので、朝鮮半島の技術が使われていると思われます。石室の副葬品として須恵器（すえき）の大型器台（きだい）が出ていますが、群馬県の副葬品では、ほぼ例がありません。このような大型器台が存在するのは朝鮮半島と福岡県、福井県なので、それらを繋ぐルートが想定されています。

統治拠点の大室古墳群の東に多田山丘陵というのがありました。小高い丘で、現在は、北関

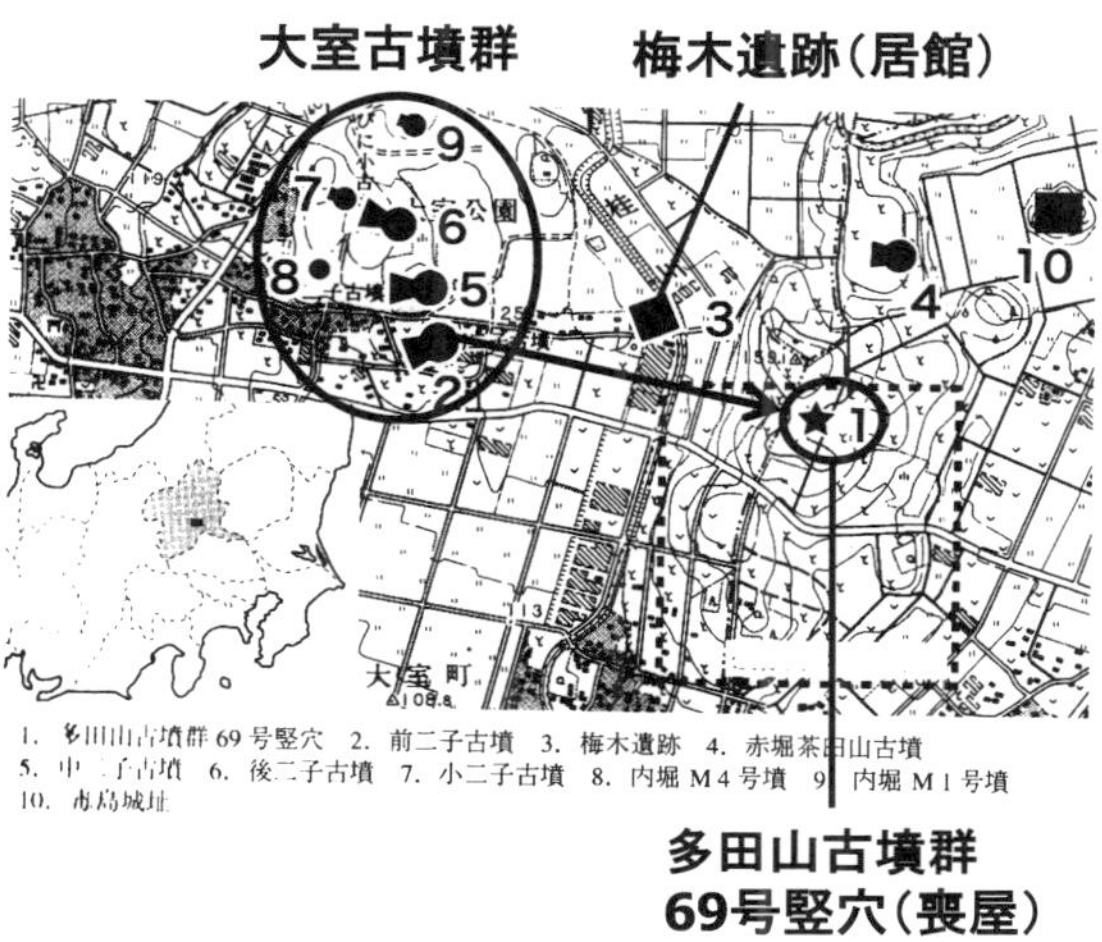

図２　大室古墳群と周辺遺跡

東自動車道の盛土用に土を削られてしまって山が存在しません。この小高い丘陵には喪屋（もがりや）があったと見られます。もがりとは死者を一時的に置いておき、埋葬する前に弔いをする行為ですね。そういう施設がありました。前二子山古墳と同じ時代ですのでおそらく関係性があると思われます。

どのような関係性があったかを景観考古学的に見たところ、多田山丘陵の喪屋が存在している所から四月五日に日が昇ることが確認出来ました。この日は「清明」という二十四節気の一つです。中国における清明節は、祖先の墓に参り草むしりをして掃除をする日です。日本におけるお盆のような年中行事があると言われています。まさに「もがり」の場所にふさわしいかと思います。

また、赤城南面には、後で時枝さんに詳しく説明していただく話になりますが、平安時代には宇通（うつう）遺跡という山岳寺院が赤城の山の中に存在していました。礎石や仏具、扉の金具が見つかっています。比叡山延暦寺のような山岳寺院が存在していたと思われます。

このように、赤城真南のラインに沿って各時代の信仰遺跡が並んでいます。私は、これを赤城の枢軸ラインと呼んでいます。

熊倉　枢軸ライン。引き込まれる仮説ですね。喪屋や清明節にまで繋がるという大きな問題提起がありました。時枝さん、このあたりはいかがでしょう。

赤城・榛名は野性的な仏教―古密教・雑密の聖地

時枝　喪屋については予定もしてなかったんですが、いつまで遡るかは考古学的な検証では相当難しいものがあります。また、山と関係するかも分かりませんが、喪屋という以上、期待されているのは中国のかなり本格的な喪屋との関係でしょうか。「俺は立派なお棺に入って死ぬんや。こんな立派な棺に入る奴が立派でないわけない」と本人が言っているのが中国で、そういう感覚での喪屋の事例が日本に入ってくるのはかなり新しいのではないか。多田山古墳群からは唐三彩の枕が出ていますね。古墳時代も終わりのころ以降ではないのか。縄文からという長い伝統の中で培われたものではなくて、東アジアの流行の最先端にご先祖さんは飛びついた。群馬県人は新しい物好きだと言われますが、昔からそうだったんじゃないかという気がいたします。

さて、宇通廃寺について補足をさせていただきます。宇通廃寺を考える時に重要なのは、大工原さんは延暦寺を例に出されましたが、もっと野性的な仏教を考えて良いのではないかと思っております。古密教あるいは雑密と言うのですが、ありがたいものは何でも取り入れていく、とんでもなく壮大な密教が実はありました。野蛮というか野性的な部分を残した密教がございました。

時枝　務

その野性的な密教で盛んに使われるものに三鈷鐃（さんこにょう）という、変わった「がらがら」みたいな仏具がございます。東大寺二月堂のお水取りの時に使っているのですが、その鋳型が宇通廃寺のすぐ南側の御殿（ごてん）遺跡という遺跡から出ております。凄く珍しい物なので、まず間違いなく宇通廃寺と関連する工房だろうと思います。

となると、おそらく古密教あるいは雑密と言われるような、山伏の元祖みたいな人たちが拠点とした寺院が宇通廃寺だったと考えていいのではないでしょうか。

この人達は神仏習合、神様も仏様も全て取り込む非常な柔軟性を持っておりました。柔軟性の証の一つが小沼の鏡です。小沼の僅かしかない湖畔から八稜鏡という平安時代の鏡がたくさん見つかっています。地蔵岳の頂上でも見つかっています。後に出羽三山の羽黒山で、都の貴族たちが、穢れを鏡に移して湖中に沈めるということを盛んにやる、その先駆けが赤城山の小沼でやられていたと考えていいのではないでしょうか。

それがだんだん整理された段階に入るのが十三〜十四世紀。まず赤城二所明神が成立します。大沼が千手観音、小沼が虚空蔵菩薩。それだけでは物足りないので黒檜山が登場して地蔵が入って赤城三所権現という形になります。

久路保は榛名であっても良いのでは

その黒檜山があるから赤城＝久路保という説がある。ただし「さしたる根拠もない」というお話が北川さんからありましたが、実は榛名山、今は相馬山と言っていますけど、あそこも「くろ」なんです。何と呼んでいたかって言うと、江戸時代の頃、一般に使われていたのが黒髪山。女性の黒髪を思わせるので、あまりにも艶めかしいので相馬山にしたのではと思うのですが、その事を考えると、「久路保」は赤城とは限らないのではないか。熊倉さんから榛名には伊香保と榛名の二つの名があったというお話がありましたが、久路保も榛名だった可能性があるのではないか。少なくとも赤城とは断定出来ないのではと思います。

それはそれとして、十六世紀くらいになると、社家が成長して、十七世紀に赤城講が結成されます。この赤城講は、江戸あるいは下総、どちらかと言うと利根川沿いの区域で非常に大きな人気を博します。

地元ではどうだったか。旧四月八日には、総参りと言って、山に登った人たちがフジやツツジを採る。変わっているのは渡良瀬川流域の方々、旧東村や黒保根村の方々は、一年間に肉親を亡くした者が山の上に登って死者の名前を呼ぶと、死者の顔が空中に現れるというのです。なかなか怖い。恐山も恐れをなすような話ですが、三十年くらい前までは伝承されていたそうです。

あるいは旧七月一日を釜蓋の一日と言って、地蔵岳のお地蔵さんの台座をひっくり返すと、地獄の蓋が開いて、亡者達がいっぱいモコモコと出てくるという。霊魂の帰る山としての伝承が顕著です。

熊倉　宇通遺跡はいつ頃のものだと考えられますか。

時枝　十世紀でしょうね。十一世紀まで入る可能性がありますが、面白いことに、宇通遺跡は、そういう雑密でありながら、国分寺との同笵瓦が出たりしていて、意外と国府の組織に支えられて営まれていますが、国府の組織は荘園が広まっていく中で瓦解する。国家財政も破綻して受領にも一銭の税金も入らなくなって没落するのが十一世紀初めの現象ですね。摂関政治の新しい時代に変わっていく大きなうねりの中で、この山中のお寺も同じ流れを辿っていったと考えて間違いないと思います。

熊倉　宇通遺跡は明らかにお寺なんですね。

時枝　神社とお寺という問題がありますが、宇通遺跡の場合は、八角円堂が出ていて、藤原武智麻呂の栄山寺だとか、興福寺の北円堂、南円堂のような、お寺の祖師とか檀越、パトロンの供養のために建てられた、あの手の建物と関連付けて考えられるので、神社に関係させるのは苦しいものがあると思います。

熊倉　浩靖

熊倉　ありがとうございます。しつこくお聞きしたのは理由があって、赤城神社、赤城は神様と考えがちですが、宇通遺跡は明らかにお寺で、でも、雑密という、神仏を超えたというか、より原初的で総合的な宗教の場として生き続けてきた場だということですね。霊魂が帰っていく場と信じられていたということでしょうかね。

時枝　基本的に聖地というものは、どこでもそういうもので、同じ聖地でも同じ神様がいるとは限らない。拝んでいる人によって違う神様をイメージしている場合が少なくない。エルサレムなんて象徴的でしょう。

熊倉　時枝さんからは、久路保は榛名であってもいいかもしれないという、非常に大胆なご発言がありましたが、北川さんはお聞きになってどうですか？

北川　お話の中に「黒髪山」が出てきましたね。神様の髪と考えると雷神みたいなものでしょうかね。黒雲とのイメージで黒神かとも思います。赤城も榛名も両方とも雷の巣なので、その辺では確かに榛名もありかなという気がします。

熊倉　時枝さん、その辺もうちょっとお話がありますでしょうか。

時枝　確かに祭神は闇龗（くらおかみ）ということで雷神あるいは水神ですが、実は黒髪山の古い信仰の内容はよく分からないのです。何故かというと、幕末から明治にかけて、神道修成派という教団に属する方々が、こちらのお山を一生懸命信仰します。実態は木曽御嶽（おんたけ）講で、民衆版修験道なのですが、その結果、古い時代の信仰のあり方を知る手がかりを失ってしまっています。

熊倉　では話を戻して、大工原さん、榛名のことについて繋げて下さい。

榛名山麓のテーマは移民による開拓史

大工原　次は榛名の話です。一年後輩に若狭徹くんという高崎市教育委員会の優秀な専門職がいて、彼の話の受け売りになりますので、縄文時代の話は出てきません。弥生時代から古墳時代が中心となります。榛名山麓のテーマは、移民による開拓史です。

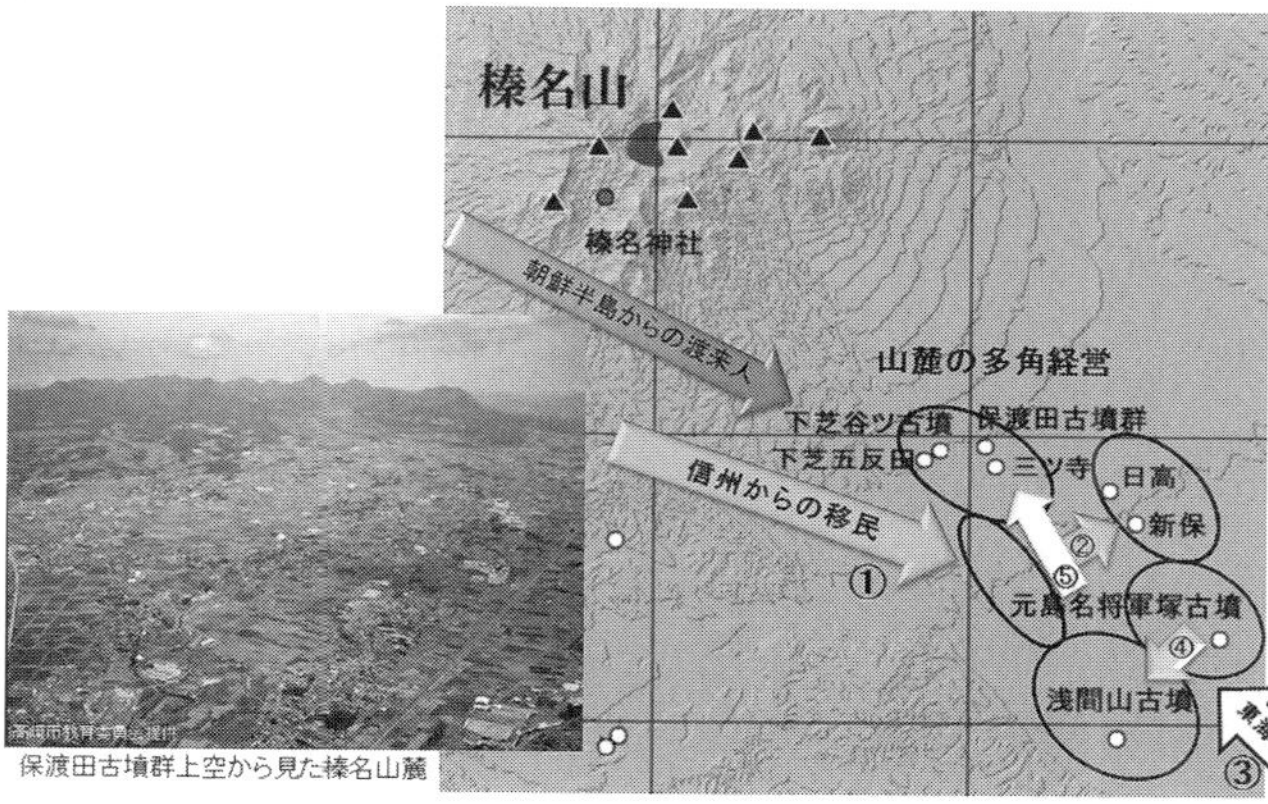

図３　榛名山麓の農業開発

　榛名山麓は図のような扇状地ですね。水をどのように入手して農業をやっていこうかという話になりますが、最初にやってきたのは信州、善光寺のある長野盆地辺りからの移民集団です。この人たちは高崎の市役所や城南球場のある辺りに拠点となる環濠集落を作りました。堀を巡らした集落です。移民ですから守りをしながら新しい土地の開発、農業を始めます。彼らは長野県北部の土器とそっくりの土器を使っています。

　しかし手狭なので、井野川流域、有名な日高遺跡や、弥生時代の群馬では最も大きな村であった

と言われている新保遺跡に中心を移動していきます。
四世紀、古墳時代になると、東海地方の西部、今の名古屋辺りから新しい人たちがやってきます。使われている土器の形が東海地方と一緒です。この人達は、低い土地の開発が得意で、木製の又鍬などで開発を行い、元島名将軍塚古墳のような前方後方墳を造りました。卑弥呼の墓ではと言われている畿内の箸墓などの前方後円墳に対抗する形でしょうか。名古屋辺りはライバルの地域ですから、違う形の古墳を造ったのでしょう。

その後に倉賀野の辺り、浅間山古墳という大きな前方後円墳がありまして、この辺りに開発の中心拠点を移します。この辺がうまく開発出来ると、旧群馬町の保渡田古墳群あるいは三ツ寺I遺跡の辺りにやってきます。新幹線の高架下で今は何もありませんが、三ツ寺I遺跡は王の居館と呼ばれていて、ここでは水の祭祀、水を全て支配しているという儀式を盛んに行っていたと見られています。この辺りにやってきた人たちは、ただ単に農業をやろうとは思いません。朝鮮半島からの渡来人の技術を使って牧場を経営する。馬を飼育し、鉄を生産する。多角経営をして山麓の地域を豊かにしていく形になっていく。半島系の軟質土器が出ている遺跡もあります。本当に朝鮮半島から人がやってきていたことを示す物が出ています。実は赤城山麓には韓式土器が一つもないので、赤城山麓に渡来系の移民はなかったと今のところ考えられています。ここが大きな違いです。

ただ、このように、何層にもわたる多様な移民の開拓史は見えてくるのですが、榛名山を意識している遺跡はほとんどないのが現状です。そこで最後に景観考古学関係の話をさせていただきます。

大型の前方後円墳や、豪族居館の造る場所を選ぶのには、二至二分、冬至、夏至、春分、秋分などが考慮されていた可能性を検証してみました。コンピュータでシミュレートした結果、浅間山古墳の夏至の日没は浅間隠山のちょうど尖っている所に沈みます。更に秋分・春分は妙義山にちゃんと日が沈みます。こういう位置関係を考慮して古墳が造られた可能性があるのではないかと考えています。

保渡田の二子山古墳で検証したら、立春に太陽が妙義に沈みます。そして、冬至には荒船山（あらふねやま）に沈みます。三ツ寺Ⅰ遺跡でも立春に妙義山の中ノ岳（なかのたけ）、真ん中の山にぴたり日が沈みます。偶然ではなく、古墳や居館を造る場所が選ばれているのではないかというのが私の考えです。

熊倉　三点教えて下さい。第一点は、榛名南麓の人々は、榛名をあまり意識していなかったらしいというお話でしたが、縄文時代はどうですか。

大工原　榛名山麓は火山灰が厚いため、縄文時代まで掘り下げられていないケースが多く、調査が進んでいないのでよく分からないという事情がありますが、縄文人は半径十キロのテリトリーを持っていると考えられ、拠点集落が安中辺りと赤城山麓の渋川辺りに確認されているので、その狭間にあたる榛名山麓には大きな拠点集落はなかったようです。縄文人にとっては住みにくい場所であった可能性があります。

熊倉　縄文時代、弥生・古墳時代、それぞれに赤城南面と榛名南面はかなり性格が違うと考えていいのでしょうか。

大工原　どちらも裾野の長い火山ですが、古代においては歩む歴史がかなり違っていたとみて良いと思います。先程、赤城山麓の話で弥生時代を抜いて話したのは、実は弥生時代は人がほとんどいないのです。百年か二百年、赤城南面にはほとんど人が住まない無住地帯がありました。その間に榛名山麓は積極的に信州の人たちがやって来ている。弥生時代に関しては、利根川を境にしてどうも全く地域史が違うのです。

熊倉　古墳時代半ばになると比較的似てくるのでしょうか。

大工原　前方後円墳だけ見れば似てくると言えますが、先程申し上げたように、渡来系の遺物が赤城山麓にはものすごく少ない。他の地域と比較しても渡来系遺物は榛名山麓に集中する。熊倉さんがお話しした榛名と伊香保の関係とかなり整合性があると思います。

熊倉　それはありがとうございます。その事はともかく、榛名の噴火の話をもう少ししていただけませんか。二点目の質問です。

大工原　五世紀代に小さい噴火が前兆のようにあったかもしれませんが、やはり中心は西暦五〇〇年前後と六世紀半ばの二つの大噴火です。渋川辺りが集中的に被害を受けている。壊滅的な被害を受けているのですが、南面の人は第三者的な位置で、火の噴く山を眺めている感じがあります。とは言っても、榛名山の泥流で全部埋まってしまっている遺跡がたくさんあります。二次災害はかなり受けています。いわゆる土砂ダムが出来て決壊して榛名南麓の人達を襲った。土石流にみまわれ大きな被害があったと思われます。これが六世紀頃の榛名南麓地域の姿と思います。

熊倉　三点目の質問です。王の居館と言われた三ツ寺Ⅰ遺跡や保渡田古墳群は噴火に対してはどうだったのでしょう。

大工原　三ツ寺Ⅰ遺跡の堀は、そういう泥流で埋まっていました。ただ、保渡田古墳群の周堀は堀のままでした。王の居館は水を使う祭祀をやっていたので被害が大きく、古墳群は少し小高い所にあったため被害を免れたと言えるかもしれません。

熊倉　北川さん。伊香保が盛んに詠われている事と、今、火山噴火を体験しながら榛名の南麓あるいは東麓の人たちが生活をしてきたことに何か関係がありますか。

北川　確かに伊香保を詠った歌が大変多いのですが、先程も話したように、生活に密着した歌が多いということは、それだけ伊香保を身近に感じていた人たちの歌がたくさん東歌にとられていたという事でしょう。赤城が一首あるかないか、妙義がないのは、そのあたりも反映していると思います。やはり榛名山の東南麓に人がいっぱい集まっていたのでしょうね。

熊倉　時枝さん、榛名・伊香保の信仰は、赤城とどう違っていたのでしょうか。

榛名信仰を貫く御神水の力

時枝　違うと気付かれた方もいると思いますが、赤城山だと、その頃に櫃石であるとか丸山遺跡であるとか、祭祀遺跡が確実に形成されていて、お山を信仰していた事が分かるのですが、榛名は微妙ですね。

ただ一つ気になるのは、熊倉さんが戸榛名というお話されていました。戸榛名というのは、山麓で山の神をまつるところに特色があります。赤城山も戸神と言って、同じように山麓でまつっている。日光でも同じような例がある。山に登ってのお祭りの前に、山の下からまつるという段階が榛名でもあったと考えていいと思います。

榛名の場合、問題はその後です。実態が良く分からないのですが、今の榛名神社の入り口の所、左側に上がっていく山の中に巌山遺跡があります。錫杖などの仏具や奈良時代末から平安時代の土器が採集されていて、八~九世紀にかけての山岳信仰の遺跡があることは間違いないようです。となると、その段階ですでに、現在の榛名山のあそこの辺りでお祭りしていた可能性が大きいと思います。

通説では、榛名神社が今の場所に造られたのは十二世紀とされていて、それ以後神仏習合が本格化して、別当の榛名寺というのが設けられ勝軍地蔵が祀られます。「かつ軍」ですから戦に勝つ。武士たちにとってはいかにもありがたいお地蔵様です。神仏習合のもとでは満行権現と言われて、かなり広い範囲で信仰されます。

細かい話は端折りますが、満行権現を信仰していた後北条氏関係の山伏どもが榛名山に入り込んだ関係もあり、江戸時代になると、そうした旧勢力を一挙に払拭しようと、榛名山巌殿寺という新たなお寺が造られて、山麓の天台宗光明寺が学頭、別当職を兼務する状況になります。

この時に出来上がったのが、現在も宿坊で残っている中之坊とか萬福院、金剛院、圓乗院、実相院、般若坊などです。御師ですね。社家、神社になったと考えていいと思いますが、この社家の人たちが、伊勢に倣って御師としての活発な活動を行い、村々の榛名講を結成させ、自分たちは宿坊というか民宿のようなものを経営してそれなりの収入を得ていたことになると思います。

先程の大工原さんのお話と関連してくるのは、この榛名山の信仰の内容です。どういう信仰が基本かと言うと、作神信仰。要するに農業の神様のようです。どんな事をやるかというと、一月十五日に筒粥神事というのがあり、それで占いをします。今年は豊作だ、いや今年は風が吹いて駄目だとか、この作物はいいけど、こいつは駄目だというような占いです。一年の作物の豊凶を占うという非常にマジカルな行事が、これ現代も続いている。すごい事ですね。

それから、干ばつになると榛名神社の御神水を汲んで田畑に撒くと雨が降る。赤城もそういう農業神としての性格を持ってはいますが、どうも榛名には負けるのです。榛名講というのは一生懸命布教して、北埼玉から秩父、武蔵野の大地にまでこのお水を持って行く。武蔵野なんか年がら年中干ばつみたいな所だから、榛名の水を撒くと非常に豊作になるというので、厚い信仰を集めました。

こんな事を考えると独自な歴史的展開をしますが、千年以上の間、農耕神という、その本質は意外と変わらずにあったのかと思います。

熊倉　そこで改めてお聞きします。二ツ岳の噴火は信仰の中に残りますか。

時枝　二ツ岳は、当時、蒸し湯と言って、その後も温泉として知られます。伊香保には現在、立派な温泉街がありますね。少なくとも江戸時代の榛名講の人々、常に皆が皆敬けんにただ信仰一筋でやっているだけではなく、榛名に行ったついでに蒸し湯に入ろうとか、伊香保へ行こうとかっていう人が沢山いらしたわけです。

それをふまえると、火山であった事が忘れ去られたわけではないと思いますが、火山が爆発した、その時は独自の信仰を集める事はあっても、それって怖さだから、鎮める為の信仰は、あまり長続きするものではないのではないと思います。むしろ、温泉のような火山の恵み、庶民、現金ですから、そういう恵みの方が信仰の対象になっていったのではと考えています。山の信仰という点では、巌(いわお)、まさに榛名神社のお姿岩そのもののイメージではと思っています。

熊倉　なるほど。災い転じて福になすことが出来ていたから、榛名の信仰は続いていたのかもしれません。今これ、とても重要な事だと思います。

岩の信仰については、波己曾は「いはこそ」かどうかも含めて、大工原さんの一番のフィールド、妙義に話を移していきましょう。

大工原　妙義に行く前に一つ。榛名は、五～六世紀に二回の大噴火がありましたが十二世紀初頭、一一〇八年に浅間が大爆発し、火の山と認識する山が変化したんじゃないでしょうか。榛名ではなく浅間が火の山だということになっていく。その辺りで、火山としての榛名の記憶は、浅間の新しい噴火の記憶でかき消されていくのではないかという気がします。

熊倉　加えて一七八三年、天明三年の浅間の大噴火がありましたから。

大工原　そうですね。浅間が火を噴く山だという認識になりますね。

熊倉　なるほど。では、妙義に戻って下さい。

妙義山を崇めた縄文人

大工原　先程の北川さんのお話でも「妙義も波己曾も全然出てこない」というように、上毛三山ではやはり三男坊ですね。ですが、縄文人はこの山が好きでした。

妙義山を崇めた縄文時代の遺跡の分布図を示しましたが、縄文人が山を意識した確実な例は縄文時代の前期、約六千年前だと思いますが、このころに初めて墓地が出来ます。墓地の出現はとても重要で、そこに人がずっと住んでいるという事なのです。旧石器時代から約六千年前まで墓地はありません。一人だけの墓はありますが、墓地はなかった。死んだら人はここに葬るんだという場所はなかった。それが初めて出来たのが中野谷松原（なかのやまつばら）遺跡。群馬でも一番古い墓地だと思います。各墓の頭の部分には墓標があって、浅間山を向いています。浅間を対象にした何らかの意識を持っていたと言っていいと考えています。

それから数百年、ここにほぼ定住しているのですが、今度は頭の上に土器を被せるお墓が出てきました。土器があったので、その土器を外すと、石の枕があって耳飾りが二つ出てくるから、ここが頭の位置だと分かる。その延長を辿ると、妙義です。浅間から妙義へと墓の方向が変わるのが確認出来ました。中には、ずっと浅間山を向いて墓地を作り続けている村もありますが、基本的には妙義山に対する意識が強くなることが確認出来ました。

ちょっと横道にそれますが、これらの村はストーンロードの流通拠点と関わりがある。ストーンロードのストーンは黒曜石です。信州の和田峠・霧ヶ峰の黒曜石ですが、関東最大の黒曜石は先ほどの村から出ています。交易の中継拠点があった証拠だと思います。日本で一番多くイノシシの顔の付いた土器が出ています。まるでイノシシの顔の付いた土器は黒曜石交易のトレードマークとも言える程です。縄文人は狩猟採集社会と言いますが、この妙義山麓の

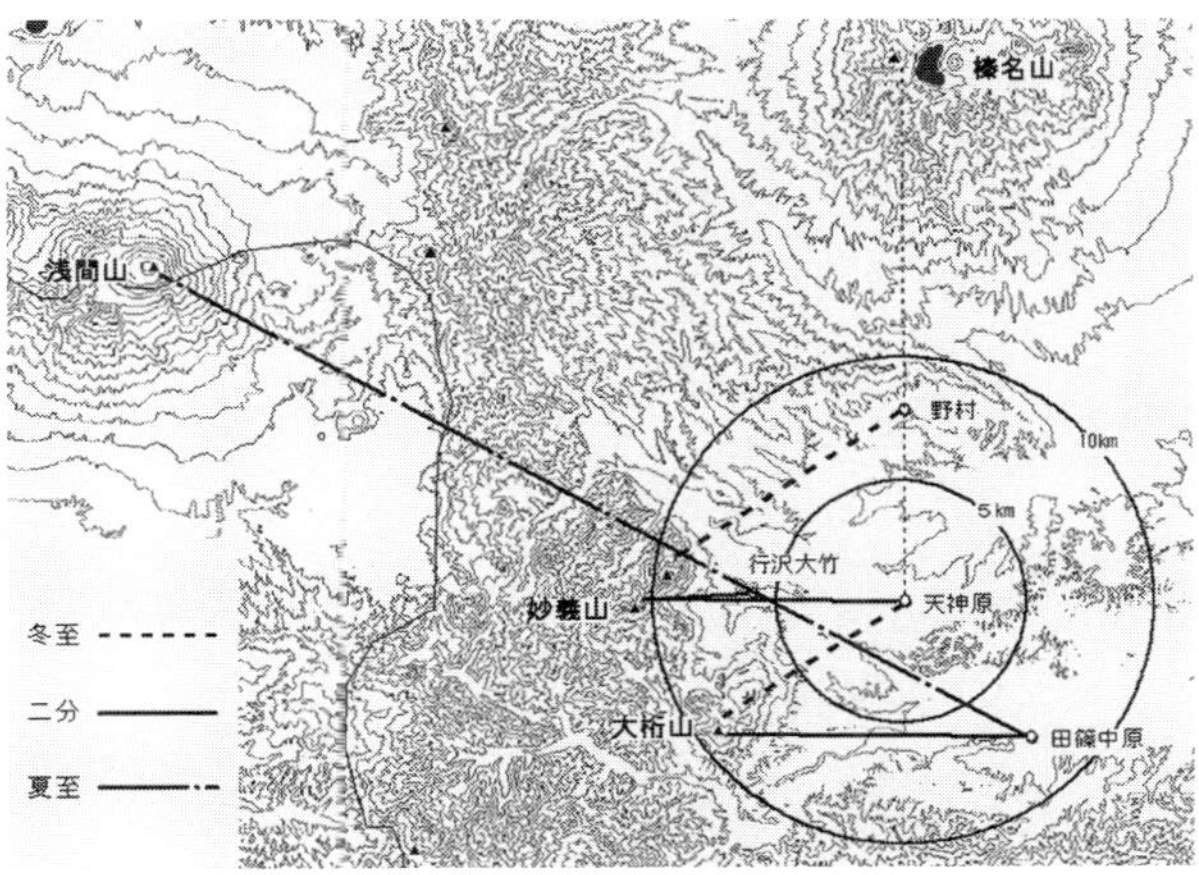

図４　妙義山を崇めた縄文遺跡の位置関係図

村は黒曜石の交易と共に繁栄していた。流通の拠点としてワンランク上の村になっているという事です。

縄文時代中期の終わり、約四二〇〇年前になると、突然、環状列石、ストーンサークルが出現します。安中榛名駅前にある野村遺跡が、全国的に見ても環状列石の起源じゃないかと思っています。石が運び込まれて環を造る。正確には隅丸長方形の形です。列石の中に一つだけ長大な石が立てられていたようです。その延長線上に浅間山があります。そして、冬至の日には妙義山にちょうど日が沈む。

富岡市の田篠中原遺跡では、大きな弧状列石、弧を造る列石が発見されました。ここには祭壇のような立石がある。去年の夏至の時、約十年かかってようやく撮影に成功しましたが、ちょうど浅間山に日が沈む。この場所では妙義の二つの峰と兄弟のように三つ並ぶ。これが、鏑の谷から見た浅間と妙義の関係です。田篠中原という、それまで何にもない所が選ばれ、突然、石を巡らせる遺跡が出現するのは妙義、浅間との位置関係ではないかと思います。

その後に最も発展した遺跡に天神原遺跡があります。磯部温泉のすぐ南の台地の上の遺跡ですが、山麓の宗教センターになってきます。数百年間、祭りなどの信仰的な行為が行われていきます。晩期には後期の墓地を再整備して石を環状に並べます。縄文人は環を作るのがとっても好きです。その環状列石の西の端に、一メートル近い大きな石が三つ出てきました。この延長線には、妙義山があります。妙義の三峯に対応するように赤っぽい石、白い石、青い石と、三色違う石をわざわざ持ってきている。南の鏑川から持ってきた石、西の碓氷峠の方の山から持ってきた石、北の碓氷川の石と、それぞれに違う所から持ってきた石を立てることにより、何らかの祭祀をしてい

図５　天神原遺跡から見た春分日没

ます。

その天神原遺跡から見ると、春分の日・秋分の日に太陽は妙義山に沈みます。ちょうど中ノ岳（金洞山）に。そして、冬至には大桁山（おおげたさん）に日が沈みます。天神原遺跡が始まったころの土偶を立てると、上に反り返っていて、少し上を眺めている。空を見上げるような姿との印象です。

ところで、礒部の蜃気楼ってご存知ですか。大正の末に、磯部の旅館の館主が蜃気楼で妙義山が二重になった絵葉書を作っています。写真に撮るとうまく見えないので、絵葉書自体は偽造なのですが、確かに蜃気楼が見えた。今では霧積ダムも出来たので見えないと諦められていたのですが、二〇〇六年十月十四日に撮影に成功しました。今でも蜃気楼は見えるのです。こんな蜃気楼を縄文人も見て、妙義に対する信仰というか不思議な感覚を強めたのではと思っています。

地図をもう一度見てください。榛名山も無関係ではないのです。天神原遺跡、野村遺跡を結んだ真っ直ぐ北の延長線は榛名山の最高峰の掃部ヶ岳（かもんがだけ）と一致する。心憎いほどです。そして半径一〇キロの範囲、これが縄文時代の行動領域なのですが、その範囲にある列石のある遺跡では、妙義あるいは大桁山、浅間山との関係を意識して、お祭りとみられる行為が行われていました。今日は上毛三山がテーマですが、浅間山もそこから外せない。特に、妙義山麓の人たちには、雪をいつも被っている白い山なので意識の中にどうしても入って来る。

そして、妙義山に対する信仰拠点は、だんだん妙義山に近付いてくる。波己曽神社の下の行沢（なめざわ）大竹（おおたけ）遺跡は縄文時代の終わりの頃のものですが、ここでも、弧状列石が造られています。そして、春分の日に中ノ岳（金洞山）に日が沈みます。

更に、この辺の人たちは、妙義山の上にもう一つ山を見ていたと思います。蜃気楼です。これがおそらく縄文人のあの世の観念です。ソラはあの世で、山は、あの世とこの世の境界である。ハラがこの世で、ハラ、ヤマ、ソラという構造を頭の中に描いていたのではないでしょうか。あるいは、北川さんの伊香保の話とも関わりますが、妙義山のような急激な地形変化が起こる山は上昇気流が発生しやすいので雷が出現する場所です。真上から雷がズドンと落ちる。天神原という地名は、そのあたりからきていると思います。

その後、縄文人の末裔は弥生時代になると、山麓の台地で焼畑をやったようですが、あまり上手くいかなかったので撤退した。古墳時代になっても、榛名山麓や赤城山麓のような展開にはならなかったようです。

謎が多すぎる妙義

熊倉　妙義山麓はご自身のフィールドだけあって資料も膨大で説得力もありますが、北川さん、波己曽については、いかがでしょう。

北川　波己曾については、先程、熊倉さんから岩（いは）＋「こそ」説のご紹介があった。確かにあの辺は岩がごつごつしている場所なので、そうかなという気もいたします。

それで、村社講平の「社」もそうですが、『万葉集』の中で「こそ」という係助詞を神社の「社」で書いた例が八十以上はあります。語源的によく分からないのですが、古代においても社を「こそ」と読んだ事は間違いないでしょう。

次に岩の「い」が落ちて「は」になるかどうかですけど、「いまだ」が「まだ」に、「います」が「ます」にという例はあります。あとは伊達政宗。有名な戦国武将なので誰でも「だてまさむね」と読めますが、字に即して言えば「だて」とは読めない。古くは「いだて」だったはずで、その「い」が落ちて「だて」になったと思います。ただ、「い」の脱落例はあまり沢山はないですね。

熊倉　時枝さん、妙義まで話が来ました。いかがでしょう。

時枝　まず、妙義は火山だと思っている方が多いけど、海底に沈殿した角礫（かくれき）凝灰岩なんかが上がってきただけでしょう。山自体が赤城・榛名と根本的に異なっている。しかも、妙義の場合は、白雲山、金洞山、金鶏山という三つの山がすでに取り込まれていて、白雲山に妙義神社、金洞山に中之獄神社、金鶏山に菅原神社というセットが出てくる。妙義山自体がすでに三山状態です。これは妙義の大きな特色です。

それから妙義は、古い時代に全く確証がありません。妙義が出てくる一番古い例は、武田信玄が自分の家臣の国人衆に、俺を裏切ったらぶっ殺すぞという起請文をとった永禄十（一五六七）年の生島足島（いくしまたるしま）神社文書です。そこに初めて「妙義大権現」とある。十年後の天正五（一五七七）年に小幡氏が妙義神社に奉納した鰐口というのがある。ただし、これは武田の軍団が略奪して甲府に持って行ってしまった。

元禄十五（一七〇二）年の『妙義大権現由来書』というのがあり、寛弘三（一〇〇六）年に天台座主の尊意が妙義大権現と命名したと書いてありますが、多分これは嘘です。実際には、江戸時代になって輪王寺宮という寛永寺の座主が隠居所として妙義山を乗っ取った結果でしょう。妙義神社全部が寛永寺に管轄されている。

ただちょっとほかの所と違う信仰をみることができます。一つは、本当に妙義のものなのかどうかも問題ですが、『地蔵菩薩霊験記』というものが妙義神社に伝来していたと言われています。地蔵信仰が中世にあったのかが一つ課題になります。

それから、中之獄に長清道士という江戸時代の道士の資料が残されています。金洞山、中之獄に参籠して一生懸命、道教、中国の民族宗教を実修したという。何か混同があるような気もしますが、まさに東アジア的視点から考えていく必要性があるものでしょう。そこで熊倉さんにお聞きしたいのですが、先程の赤城の話なども、十五世紀以降、宋学などが日本に伝わって以降の知識人の後知恵ではないのか、古代の話ではないのではという不安が拭いきれません。いかがでしょう。

熊倉　確かに妙義については分からないことが多すぎる。一方、赤城という霊地や名所はかなり古い時代まで遡れるし、赤城も遅くとも八世紀までは遡れる。江戸時代の後知恵とは言えないと思っていますが、要注意なのは確かです。

上毛三山の系譜と起源、そして未来

時枝　最後に三山について触れておきます。実は、今日、上毛三山と言いながら、赤城、榛名、妙義という個別の霊山についての話で終わっているんですね。

　上毛三山という言い方はいつごろ言い出したのか。冒頭に熊倉さんから、新しいのではないか、江戸末か明治以降ではないかという問題提起がありました。

　そこで三山に広げると、一番遡るかもしれないのが大和三山でしょう。畝傍（うねび）山、耳成（みみなし）山、香具（かぐ）山。『万葉集』の巻一に中大兄皇子の有名な三山の歌がありますし、『播磨国風土記』の揖保（いひぼ）郡の上岡の里の条には、畝傍山を巡る香具山と耳成山の争いがあって、これを出雲国の阿菩大神（あぼのおおかみ）がいさめるという話が出てきます。しかもこの各山には山麓に神社が鎮座していて、神話的な世界が形成されていた事は間違いないので、そういう三山の信仰があってもおかしくない。だが、参詣する人もいなければ、とりわけ何か特別な行事があったようにも見えない。

　確実に信者が見えてくるのは熊野三山です。本宮、新宮、那智という三つ。お山というより神社ですね。延喜七（九〇七）年に宇多法皇が参詣、寛治四（一〇九〇）年には白河上皇が、以後九回参詣している。天治二（一一二五）年に鳥羽上皇が以後二十三回。だんだん回数が増えていく。上皇を中心とした文化的イベントですが、これが参詣の本格的な開始でしょう。熊野三山は、上毛三山を考える時にも無視できない。次に三山と言うと、出羽三山の影響も考えなければいけない。

　もっと近い所でいうと、三山ではないけれども、三峰五禅定（さんぶごぜんじょう）と言い、三つの峰を五組の修行者がめぐって禅定、悟りを開く修行がある。実際には山登りですが、どこでやっていたかというと日光三所権現。日光の男体山（なんたいさん）、女峰山（にょほうさん）、太郎山（たろうさん）でやっていました。これもやはり無視できないでしょう。

更に江戸時代以降、三山が好きになってくる理由の一つとして、三つの霊山を廻る三禅定という方法を作り上げた人物がおります。橘南谿（たちばななんけい）という医者で、十八世紀後半の天明年間に諸国を歴遊し、いろいろな所に名所を作ります。観光アドバイザーという感じですが「富士山と立山と白山の三つの山を巡るのを三禅定と言う」と、三つのお山に登るという形を作り出します。

これは上毛三山を考える時に一つの大きな基点でして、このころ、三山の定型化が全国各地に生まれていきます。三所権現から三山あるいは三社。そういうものがたくさん出てきます。この原因は、社寺参詣が民衆の間に広まった事です。お伊勢参りが十六世紀に普及した後、旅行システムが確立するのです。先達、つまりガイドが案内して、御師が受け入れる。現地ガイド兼ホテル経営です。こういう旅行システムができる中で、富士山をはじめとする社寺参詣ブームが一気に広まります。これが、三山が形成される大前提と考えていいと思います。

赤城山には赤城講、榛名山には榛名講、妙義山には妙義講が出来てくる。ただ群馬でできたわけではなくて、南関東とか江戸で大流行する。ここがポイントです。江戸時代の最終段階で赤城、榛名、妙義詣が顕著だったのは、講集団ができて、旅行先として非常に有名になっていた事です。伊香保や草津と組み合わせて最高な観光地だったということです。

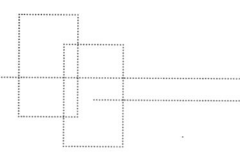

ところで、上毛三山という言い方をします。「こうずけ」ではありません。「じょうもう」です。上毛っていうのは、一体いつごろ、この表現が流行したのか。まだ十分に調べてないのですが、新聞、メディア関係の資料をめくると「じょうもう」を盛んに言い出すのは明治十年代です。明

治十年代以降に、誰かが、上毛三山という括りを設けた事は間違いありません。近代の郷土意識が高揚する中で、上毛三山を生み出した仕掛け人が誰かいるのですね。まだ名前は明らかになっていませんが、上毛三山とは何か。この県民のアイデンティティの原点を探るのは、非常に重要な仕事だと申して間違いないと思います。今後こうしたシンポジウムなどが繰り返される中で、その仕掛け人にまで迫っていただきたいと、つくづく思います。

熊倉　ありがとうございました。私がまとめなければならない事まできちんとまとめて下さいまして、本当にありがとうございました。今日、「上毛三山の謎に挑む」というテーマで良かったと思います。「上毛三山の謎を解く」までは至っておりませんけれども、二十一世紀の私たちにとっても心の故郷である上毛三山とは何なのか。それが私たちのこれからの暮らしや、更に群馬県のボトムアップ、更にブランド化に向かってどう考えていったらいいか。多少の謎と同時に、皆さんへの問題提起が出来たのではないかと思っています。これをもって閉じたいと思います。ありがとうございました。なお、次回は「上毛三山の美に迫る」です。ぜひご参加ください。

第22回

群馬学
連続シンポジウム

上毛三山の美に迫る

平成二十四年二月十一日（土）十三時三十分～十六時
群馬県立女子大学講堂

基調報告①

群馬の文学風土を読む―文学に描かれた上毛三山

前・群馬県立土屋文明記念文学館館長　岡田　芳保

もっと読んでほしい上毛三山文学アンソロジー

私が文学館にお世話になった頃、「群馬の文学風土を読む」というタイトルで考えた企画があります。初代館長の伊藤信吉さんが『群馬文学全集』全二十巻を平成十一～十五年にかけて出版されました。画期的な群馬県の文学全集で、これに勝る群馬文学のアンソロジーはないと思います。非常に良くまとまっています。その後、文学館として、どういう事をやろうかということで、いろいろと検討し、上毛三山、赤城、榛名、妙義にまつわる文学を集めてみたらどうだろうと企画展が始まりました。第一回が五七回企画展「今日も赤城が見える―風の山文学紀行」。平成十九年の十月に開催しました。第六一回企画展が「榛名・伊香保文学紀行―旅人たちのものがたり」。六七回企画展が「妙義・磯部文学紀行―西上州を旅して」。平成十九年から三年間かけて開催しました。

企画展では、どうしてもビジュアルなものを見せなければなりませんから、美術作品や初版本や原稿を並べました。その時に、伊藤先生が監修された『群馬文学全集』には収録されていない赤城山、榛名山、妙義山の文学紀行や、それらをテーマにした文学を集めてみたらどうだろう、アンソロジーを作ろうということで、三冊のアンソロジーを出版しました。集めるだけでも学芸員は非常な苦労をされました。当時、県では予算がなく、いい企画だけれど、出来ませんと言われたので、印刷会社にご支援いただき何とか刊行出来ました。非常に地味な本で、ほとんどの人が知らないのではと思います。上毛三山の自然、風土、風物を近・現代の文人たちはどのように、その感動を記録し、うたったかが網羅されています。

岡田　芳保

地理、歴史、宗教、動植物で群馬をまとめたものはありますが、文学でまとめたものはありませんでした。伊藤信吉さんが監修された『群馬文学全集』。群馬の自然や歴史をまとめた「みやま文庫」、今度文学館で作ったこの三冊。こういう書籍は群馬県の人にどのくらい読まれているのか。学校や市町村の図書館にあるはずですが、多分あまり読まれていないと思います。中学、高校、大学の教材として使われているかというと、疑問です。もっと読まれて認識され、鑑賞されなければと思います。

文学者たちが発見した上毛三山を再読しよう

企画は「上毛三山を書いた文学をまず集めよう。上毛三山の魂を読み解こう」ということです。文人たちが上毛三山とどのように出合い、その体験や記憶を作品にしたか。文学者とか文人が上毛三山で発見した事を僕らが再読しようではないか。俳句、短歌、詩、小説、エッセイ、ジャンルの領域を跨いで上毛三山を見つけて読むことをやらなければいけないのではないか。群馬県出身の文学者は、自分たちの上毛三山をどのように表現し書いたのだろうか。群馬を訪ねた文学者たちは、上毛三山とどのように出合って、そこで何を書いたのか。そういうものを調べて編集したのがこのアンソロジーです。そういう意味で読んでいただくと、大変おもしろく再発見があると思います。

結論的な事を先に言うと、明治、大正、昭和の文人たちは、自然とか山を身体全身で受け入れています。一体感を持っている。自然を濃密な存在感覚で捉えている。自然を全身で愛でている。畏怖というか恐れというか、そうした感覚をもって三冊のアンソロジーを読んでいただくと理解できると思います。例を出すと、西東三鬼（さいとうさんき）（一九〇〇〜一九六二）がこんな句を書いています。

身に貯（たくわ）えん全山の蝉の声

こういう表現を当時の文学者は、感じて書いています。僕らが、この作品を、いま現在、どのように読んで自分の中に入れて、自然に対する感覚、衝動、そういうものが共感出来るかが、今回の「迫る」の意味じゃないかと思っています。現在は、情報に非常に依存したデジタル中毒になっている。そういう中で、自然を見失っている。あるいは自分の時間を見つけられないでいる。だからこそ、このアンソロジーを是非多くの方に読んでいただきたいのです。

あゝこれ山　赤城山文学紀行

一部だけ紹介しましょう。まずは赤城です。西群馬郡棟高村（現高崎市）山村暮鳥（一八八四～一九二四）が「赤城山」という散文を書いています。これはかなり長いのですが、さっき私が言ったように身体で感じていることが分かります。

谷間の霧、空の雲、凡そ山にてみる水蒸気の変化ほど奇観はないと自分は前にもいうたが、今、雲が輝く太陽をつつんだとみると風があばれだす。裾の山が一つ一つ見えなくなる。遂には君等の存在まで晦瞑の中に没し去らうとする。山嶺がいろいろな形の武器で、君等の心の理屈の城をこぼちに迫る。

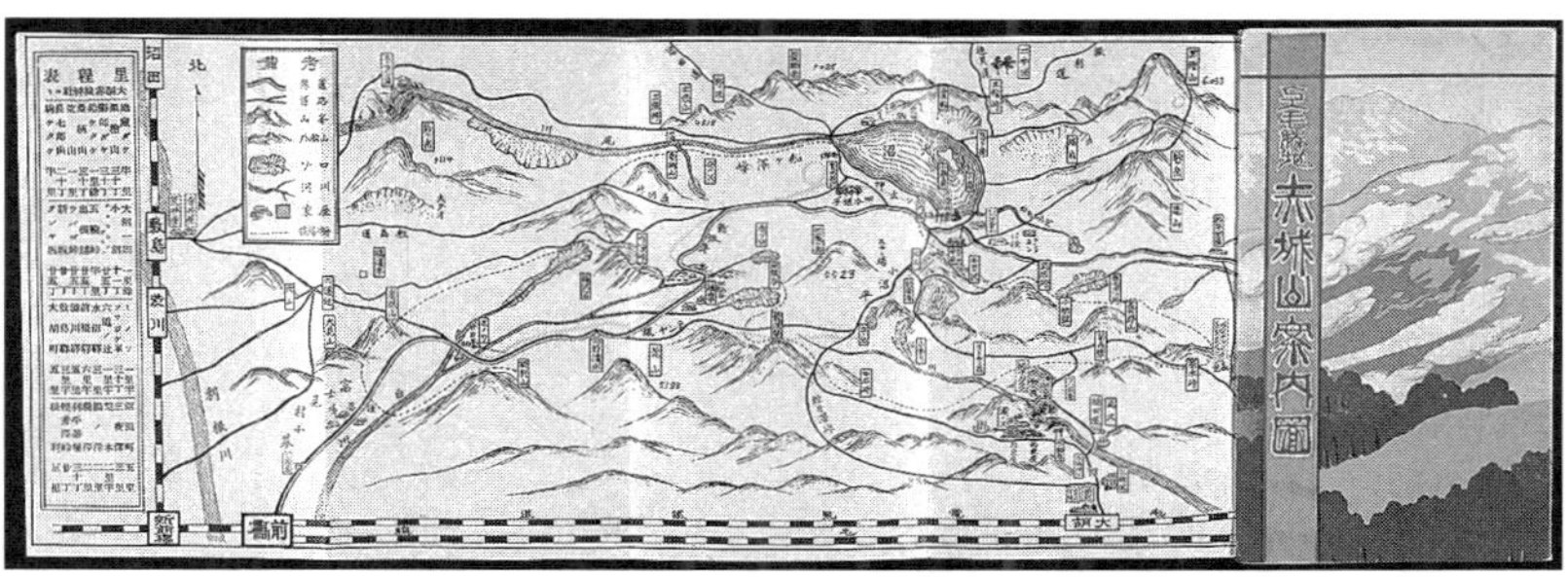

『あゝこれ山　赤城山文学紀行』から「上毛野赤城山案内図」
（群馬県立土屋文明記念文学館所蔵）

こういう感じ方は、僕らが今、山へ行っても出来ないですね。当時は、赤城山が新詩社の人々や若い都会の画家や小説家達の自然の再発見だったのです。ほんの一部分の抜き書きですが、こんな感じ方を暮鳥がしています。

それから皆さんご存知の深田久弥（一九〇三〜一九七一）は『日本百名山』の中で赤城山を次のように書いています。

> 山には、きびしさをもって我々に対するものと、暖かく我々を包容してくれるものと、二種類ある。赤城山はその後者のよい代表である。（中略）高原と湖と牧場の洋画的風景が近代人の嗜好に応じたのであろう。志賀直哉氏の短編「焚火」を初めとして、赤城の自然は、早くから多くの文化人によって語られてきた。中には、一年に一度は訪れないと気がすまないという赤城宗徒さえいる。（中略）赤城にシャレーを作って、四季そこへ行くのを楽しみにしておられた。

シャレーと言うのは、山荘という意味ですね。そんなふうに書いています。

歌人で勢多郡の粕川村（現前橋市）生まれの須藤泰一郎（一八八九〜一九三三）は、赤城山について多くの事を書いています。この人の赤城の捉え方は、僕は、群馬県の人たちが感じる代表的な感性だと思って紹介します。

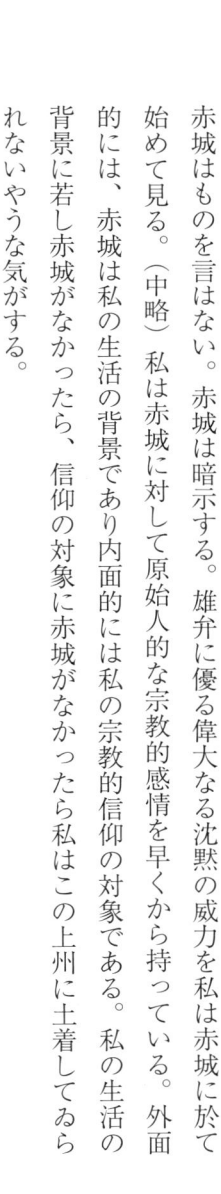

赤城はものを言はない。赤城は暗示する。雄弁に優る偉大なる沈黙の威力を私は赤城に於て始めて見る。（中略）私は赤城に対して原始人的な宗教的感情を早くから持っている。外面的には、赤城は私の生活の背景であり内面的には私の宗教的信仰の対象である。私の生活の背景に若し赤城がなかったら、信仰の対象に赤城がなかったら私はこの上州に土着してゐられないやうな気がする。

このくらい思い入れをしています。

それから最後に大町桂月（一八六九～一九二五）の文章に触れておきたいと思います。『関東の山水』という本を書いている非常な名文家です。

世に、妙義、榛名、赤城の三山を、上州の三名山と称す。（中略）西郷隆盛は赤城也、木戸孝允は榛名也、大久保利通は妙義也。今の大政治家を以てすれば、山県公は赤城也、伊藤公は榛名也、大隈伯は妙義也。古の英雄に及べば、織田信長は妙義也、豊臣秀吉は榛名也、徳川家康は赤城也。

「赤城の大沼」という文章です。後で読んでいただければと思います。

青き上に　榛名・伊香保文学紀行

榛名は、まずは徳冨蘆花（一八六八～一九二七）。誰でも知っている「不如帰」。伊香保が舞台で、伊香保で書かれた小説です。

意外と知られていないのが横光利一（一八九八〜一九四七）。ご存知のように新感覚派の旗手と言われていますが、「榛名」という作品があります。


伊香保の夜はもう書くまい。明日は榛名だ。私はここはまだ初めてのところだが、友人のSがあるとき誰かに嘆声を洩しながら、何事かしきりに推賞してゐる声をふと聞いたので、何だと横から訊くと、榛名だと言下に答へた記憶を思ひ起す。私は混雑した宿の窓からはるかな山頂の榛名を仰ぐと、榛名は雲の中に隠れてゐる。私はまだ見ぬ宝玉を見る思ひで棚曳く雲の中に沈んでゐる山頂の円い小さな湖を胸に描いた。


榛名湖では自殺が随分あったようです。その自殺の事に目を向けた、横光利一らしい感性の鋭い感覚的な散文と思います。

それから寺田寅彦（一八七八〜一九三五）が伊香保を書いています。物理学者ですから、大変面白い書き方をしています。

二十余年の昔、ローマの近くのアルバー地方に遊んだときに、「即

『青き上に　榛名・伊香保文学紀行』から「榛名山大観」（群馬県立土屋文明記念文学館所蔵）

興詩人」で名を知られたゲンツアノの湖畔を通つたことがある。其湖の一方から見た同じ名の市街の眺めと、此処の眺めとは何処か似た処がある。併し、古い伊太利の彼の田舎町は油絵になり易いが此処のは版画に適しさうである。

与謝野晶子（一八七八～一九四二）も伊香保の石段をヨーロッパ的に見ています。

妙義の峯に　妙義・磯部文学紀行

妙義では岡本綺堂（一八七二～一九三九）の「磯部の若葉」という作品があります。綺堂と言うと「半七捕物帳」「修善寺物語」が有名ですが、「鳥辺山心中」などは、全て磯部で書かれています。「妙義の秋」という、小島烏水（一八七三～一九四八）の有名な文章があります。

　仰げば金洞山は半腹より上、磨曨削成して雑木も生ぜず。金鶏の巌は猿の手を掉るごとく、羊の頭を低るごとく、松樹まばらに散兵線を張りて項背相臨む。白雲山は「大」の字あたり、櫨か、楓か丹紅燃えて炎のごとく、山は今にも裂けて飛ばんとぞ

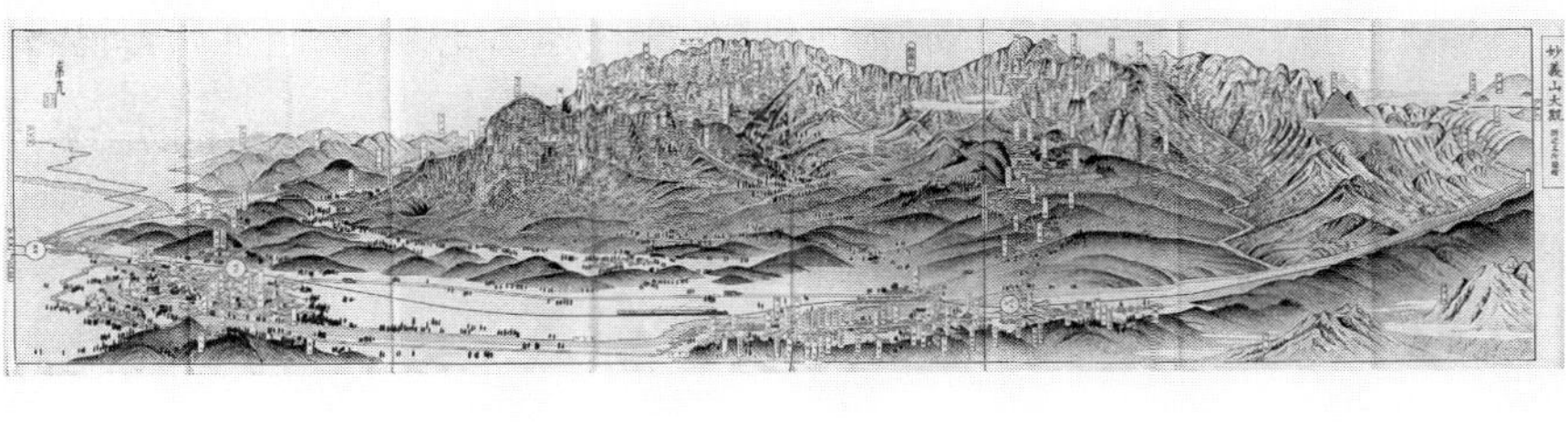

『妙義の峯に　妙義・磯部文学紀行』から「妙義山大観」（群馬県立土屋文明記念文学館所蔵）

すなる。近くほど山は次第に低くなるやうに覚えしが、一叢茂き篁竹の間を行き、古道黒門に向ひて左に曲れば、やがて妙義町なり。

彫刻みたいでしょう。漢詩調の描写力です。それから、後で杉本先生が取り上げられるでしょう登山家のウォルター・ウエストンが出てきますが、妙義は、実に多くの歌人、詩人が詠んでいます。

このように、明治あるいは大正、昭和初期の文学者たち、あるいは地元出身の文学者、あるいは全国から来た文学者が上毛三山をどう見たかがこの三冊の中にぎっしり詰まっています。図書館に行けば借りられます。ぜひ一度お読みになって下さい。今、我々は車ですっと頂上まで行けるので、失ってしまった自然の見方があります。当時は、歩いて行くしかなかった。ですから山を自分の心の中というか、身体全体で感じていた。そういうものをもう一度取り戻す、あるいは、自分の時間というものをもう少し自然から学ばないといけないのでないでしょうか。

基調報告②

近代絵画に描かれた上毛三山

群馬県立館林美術館館長　染谷　滋

芳崖、青木繁、鉄斎……数多の画家を魅了した妙義

読む気ならいつでも読める文学と違って、絵画作品は、機会がないとなかなか目にする事がないので、今日は、こんな作品があったのかという事をご紹介したいと思います。

最初は狩野芳崖（かのうほうがい）（一八二八〜一八八八）の有名な「悲母観音図」です。国の重要文化財になっている作品で、明治初期の日本美術を代表する名作と言われているのはご承知かと思いますが、フェノロサが、明治の日本美術を一新するにあたって狩野芳崖に目をつけ、それまでの江戸から続く日本美術の旧弊な所を改め、新しい要素を近代的に取り入れさせた代表的な作品です。この作品の左下の部分が妙義山だと言われています。

染谷　滋

実は私は疑っています。というのは、この作品が描かれた一八八七年、つまり明治二十年に狩野芳崖が妙義山に来ているのは確かですが、この悲母観音自体は、三年前に一度描かれています。伝統的な古いタイプの絵に描かれていたものを、フェノロサの指示で描き直している。つまり西

洋風に描き直したのですが、三年前の絵にもそっくりな山が左下にあるので、果たしてこれが本当に妙義であったかどうかは、疑わしいのです。それでも、芳崖が妙義山に来ているのは間違いありません。沢山のスケッチが残っています。

後で山崎さんからもお話があるでしょうが、妙義を描いた絵で一番有名なのは青木繁（一八八二〜一九一一）のスケッチでしょう。小さな手帳に描かれたものですが、沢山残しています。

妙義山の図では富岡鉄斎（一八三七〜一九二四）の描いた屏風が、私は近代画家の描いた中では秀逸だと思います。画家と言うのもちょっと語弊がある人で、日本の近代が誇る画家、文人、漢学者ですが、その鉄斎が妙義山を非常に面白く、四つの石門をそれぞれ描き分けています。一九〇六（明治三十九）年の作品です。

昔、私が県立近代美術館に勤めていた時に「近代美術にみる群馬」という展覧会をあかぎ国体の年に開催した事があり、有名な画家が群馬に来て群馬を描いた作品を一堂に集めた事があります。その時、この作品を布施美術館からお借りしてきました。私には大変懐かしい作品です。

富岡鉄斎「妙義山図」

第一石門の下に人物が描かれている。これが文人画らしい描き方です。その絵の中に遊ぶというのが、文人画の絵の楽しみ方なので、おそらく画家本人を投影した人物像でしょう。実は、この鉄斎の妙義山は、瀞八丁（とろはちちょう）という和歌山と奈良の県境にある有名な渓谷の図と対になっています。縦に伸びていく妙義山の図と水平に広がる渓谷、瀞八丁を対にした作品で、二点並べて見るのも面白いと思います。以前、お借りした時は、妙義山しか借りなかったので、今度そういうチャンスがあるなら、その瀞八丁と合わせてみたい気もします。個人的な感想を言えば、妙義山の隣の荒船山でも同じ効果が得られたのではと思っていて、荒船妙義の図にしてくれればもっと良かったのにと思ったりもしています。

鉄斎はこの妙義を描くのに、『更科観月記事』という旅行記を残しています。作品制作の三年前の一九〇三（明治三十六）年に、鉄斎は妙義を訪れていて、その時の旅行記です。そこに沢山デッサンがあります。

椿貞雄「妙義山」

ちょっと変わった作品で、今どこにあるのか分かりませんが、中村不折（なかむらふせつ）（一八六六〜一九四三）という人の「妙義山」。明治末に文展（文部省主催の文部省美術展覧会）が開設されるのですが、その第三回展に出ている事が図版で確認できます。当時の文展の図版を見ると妙義山、赤城、榛名を描いた作品が沢山出ています。

次は椿貞雄（つばきさだお）（一八九六〜一九五七）の「雪の妙義山」。宮城県美術館が収蔵している作品ですが、椿貞雄は戦時中に松井田に疎開しています。その疎開先から描いたものです。実は、群馬県立近代美術館にも一点、一回り小さいのですが、椿貞雄の妙義山があります。雲たなびく風景。夏過ぎでしょうか。左の方に筆頭岩が見えています。

そのほか、特にご紹介したい妙義の作品では、日本画家の片岡珠子（一九〇五〜二〇〇八）の「死火山《妙義山》」。死火山と題されていますが、力強い峨々たる山、妙義を片岡さん流の個性で描き切った名作かと思います。

奥田元宋（一九一二〜二〇〇三）の「妙義」。第五回改組日展に出品されたもので、草木の緑がだんだん濃くなってくる早春の妙義を描いています。群馬県立近代美術館がご本人から寄贈を受けています。実は、元宋さん、この作品に関するコメントの中で「中之岳（金洞山）」と書いていますが、白雲山の間違いですね。妙義ふるさと美術館がある場所です。

それと、吉田善彦（一九一二〜二〇〇一）の「春雪妙義」。吉田さんも群馬の風景を何点か残していますが、吉田さんらしい作品です。

師のダメ出し、子規にこぼして、描き直した不折の赤城

赤城山に入ります。幕末・明治初期には浮世絵にもよく書かれましたが、注目したいのは、先程も紹介した中村不折の作品です。「淡煙」という作品で、皇居東御苑の三の丸尚蔵館に収蔵されている明治三十二年に描かれた赤城山。渋川方面から見た赤城ですね。今日は文学関係の方も多いので、文学にちなんだものをと思ってこれを選んだのですが、正岡子規の（一八六七〜一九〇二）『墨汁一滴』の中にこの作品の話が出てきます。子規と不折はとても仲が良かったのですが、中村不折が渋川に行って二十日間かけてこの作品を仕上げて東京に戻り、先生の浅井

忠（一八五六〜一九〇七）に見せたら、うまく出来てないと幾つか欠点を指摘されました。もう一回描き直した方がいいと言われて、不折はすごく怒って、帰り道に、もう病気になっていた子規を訪ねて、そんなふうに言われたと言ってすごくカッカしていた様子を子規が描写しています。ところが翌日、不折は結局、キャンバスをまた抱えて渋川に行って描き直したと子規の『墨汁一滴』の中に書かれています。

文人、画家たちのサロンだった赤城

赤城で一番有名なのは、高村光太郎です。『赤城画帖』という、亡くなってから出版された本の中に沢山スケッチが残っていますが、むしろ有名なのは、その後で付けられた相聞歌、歌の方だと思います。私は、個人的には、これに解説を付けた猪谷六合雄（一八九〇〜一九八六）の文章が大変面白いと思っています。例えば、猪谷宅を描いた光太郎にコメントした猪谷さんは、自分の生まれた場所だと書いています。赤城山で生まれたのは自分が最初であると、自分の思い出と重ねたコメントが入っています。赤城山に光太郎が二、三カ月いた間に、新詩社の一行つまり与謝野鉄幹（一八七三〜一九三五）たちが赤城山へ登ってきて、光太郎がそれを迎えに麓まで下って、皆を迎えた時の写真が残っています。写真には、光太郎、鉄幹だけでなく、石井柏亭（一八八二〜一九五八）も写っていて、撮ったのは三宅克己（一八七四〜一九五四）です。当時の赤城は、絵描きや小説家たちの一種のサロンだったようです。その三宅克己と親しかった水彩画家の大下藤次郎（一八七〇〜一九一一）らが赤城やら榛名やらの絵を沢山残しています。明治後半は水彩画のブームがありまして、赤城も榛名もよく題材とされています。

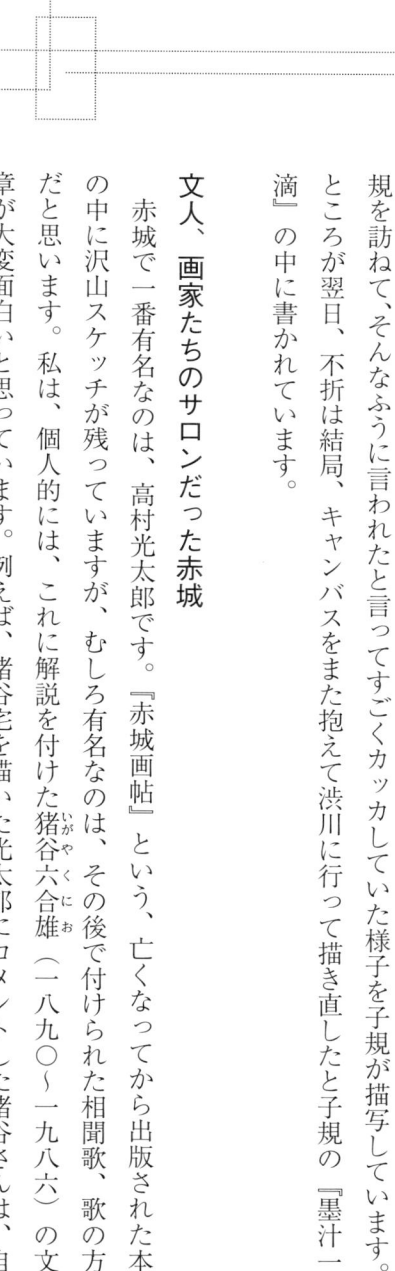

熊谷守一（一八八〇～一九七七）の「赤城の雪」という、ちょっと変わった作品もあります。岐阜の山奥出身の熊谷は、同じく赤城の猪谷六合雄の所には頻繁に行っていて、熊谷の書いた『下手も絵のうち』という随筆集の中に、猪谷六合雄さんの所で赤城の雪を描いたエピソードが載っています。赤城山まで登ってその足もとの雪だけ描いて帰ってくるのも、いかにも熊谷守一らしい自由奔放さを表していますが、絵としても、タッチの生き生きとした、いかにも大正期を思わせるような作品です。

最後にもう一つ、赤城を描いた忘れられない作品に速水御舟（一八九四～一九三五）の「赤城路之巻」がありますが、これは残念ながら未完成です。院展に出品しようとして赤城に一人でやって来て、一九一六（大正五）年、小下図まで残すのですが、残念ながら完成せずに途中で放棄されてしまいます。完成していれば、さぞやいい作品になったと思うのです。どんどん麓から登って、林の中をくぐって山を越えていく。山を越えて滝で水を飲んでいるような姿があり、これが御舟でしょうか。山深く深く入っていく。牛が放牧されている牧場があって、沼が見えてくる。そのほとりに神社が見える。雲が連なって終わる展開ですが、そういう小下図だけが残されています。

洋画家では埼玉県加須市に住んだ斉藤与里（一八八五～一九五九）が、利根川越しの赤城をたくさん残しています。榛名は利根川越しによく描かれますが、群馬県の人間は、赤城を川越しに描くということ少ないですね。

多くの作家に描かれたが、榛名はやはり夢二か

榛名も広重の昔から描かれていますが、埼玉出身の森田恒友（一八八一～一九三三）の「湖

畔」は非常にいい作品です。埼玉県立近代美術館が所蔵しています。梅原龍三郎（一八八八～一九八六）も松岡英丘（一八八一～一九三一）も描いていますが、伊香保はどうしても竹久夢二（一八八四～一九三四）との結び付きが強いと思います。「榛名山譜」「旅」。みんな歌の中に榛名が詠み込まれていて榛名である事は一目瞭然です。

先ほどの岡田さんの紹介にもありましたが、榛名は版画の方が相応しいらしく、川瀬巴水（一八八三～一九五七）の「榛名湖」という版画は、色違いで何種類か作られています。群馬に縁のある山本鼎（一八八二～一九六四）も「榛名湖初秋」という作品を残しています。箱根を描くので有名な児島善三郎（一八九三～一九六二）も榛名を描いています。

群馬の作家たちの原風景となった上毛三山

群馬の作家では、安中出身の湯浅一郎（一八六九～一九三一）に「伊香保の渓流」と題された古い作品がありますが、伊勢崎の文人画家の松本宏洞（一八二七～一九一一）という人が「妙義奇勝図」という珍しい作品を残しています。明治初期に活躍した文人画家ですね。文人画家で言えば、館林出身の小室翠雲（一八七四～一九四五）が妙義、赤城、榛名、三山とも描いていたように思います。同じ文人画家系で石原紫雲（一九〇六～一九八一）という、これも伊勢崎で活躍された方がたくさん妙義を描かれています。

文学絡みだと、志賀直哉の『焚火』に「画家S」で出てくる小林真二（一八九〇～一九六五）の作品に「赤城山頂の夕」「赤城の牧場」などがあります。「赤城絵描き」と言われたほどの作家で大間々出身です。絵描きに好みそうな牧場をテーマに絵を描いています。先程岡田さんが紹介された深田久弥の文章にあった通りですね。大胡の横堀角次郎（一八九七〜一九七八）は、東京で活躍して、時々故郷に帰って赤城を描き続けました。同じく赤城を描いた方では前橋出身の福田貂太郎（一九〇五〜一九九一）が有名です。晩年、赤城山を描くためだけに前橋市六供町に戻って来て、何年か六供に籠って赤城山を描き続けた。地元作家ならではの赤城山へ対する想いが籠った作品です。

同じく群馬を代表する画家、山口薫（一九〇七〜一九六八）は「赤城の裾野」という珍しい作品を残しています。本来は鳥を描きたかったみたいで「裾野と鳥」と題されていたみたいなのですが、その後「赤城の裾野」と題名が変わっています。山口の「水」は群馬県立近代美術館が持っている代表作ですが、榛名山麓の箕郷のご出身なので、箕郷の田園地帯に貯まった水を描いている。それが夕日で黒く見えているところが菱形に見えて、この菱形が山口の晩年までのモチーフとして生き続けます。だから、直接榛名と結びつくわけではないですが、榛名山麓の田園の風景が山口の造型の原点になっています。

高橋常雄「曙」

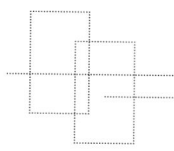

同じように赤城を描いたのが南城一夫（一九〇〇〜一九八六）です。南城は、パリに留学し、帰国後は前橋から出ることはなく、赤城山をセザンヌのサントビクトアール山のように描きたいと言って、何点かの赤城山を描いています。桐生の大川美術館所蔵の絶筆と言われる「赤城山」は、心象

的なイメージの中の赤城山になっています。

濱口学長も強く心を魅かれたという高橋常雄（たかはしつねお）（一九二七～一九八八）の作品をいくつか紹介します。群馬県立近代美術館が所蔵する「曙」という作品は、バックにあるのが赤城山。同じく「榛名山」という作品は、利根川越しの榛名ですね。晩年になると、濱口学長が特に印象を深く持たれた「故山春雪」が描かれます。蕭蕭とした作品です。赤城山を描いた代表作です。墨絵のような感じになっています。同時期、榛名も描いています。「春雪榛名山」。これは高崎市タワー美術館が所蔵しています。思いが伝わる作品です。

現役の方々の作品も多いのですが、時間がないので、今日は断念します。最後に一点。群馬県が持つ礒部草丘（いそべそうきゅう）（一八九七～一九六七）の「上毛三山」という大変珍しい作品を紹介して終わりたいと思います。赤城、榛名、妙義が同じ画面の中に描かれています。こんな作品はまずない。これは実は、昭和九年の陸軍大演習の際に、大元帥である昭和天皇に見せるために草丘が描いたのです。以来ずっと群馬県の知事室に飾られてきました。

パネルディスカッション

前・群馬県立土屋文明記念文学館館長　岡田　芳保
群馬県立館林美術館館長　染谷　滋
群馬県立女子大学文学部国文学科教授　杉本　優
群馬県立女子大学文学部美学美術史学科准教授　山崎　真一
群馬県立女子大学文学部国文学科教授　権田　和士

権田　お二人の基調報告を受けて、パネルディスカッションに入りたいと思います。最初は杉本さん。高村光太郎や萩原朔太郎の研究をされています。登山の趣味もお持ちなので、実感的なお話も楽しみにしております。

杉本　岡田さんが総論的なお話をなさったので、私の方は各論で一、二点お話ししたいと思います。『明星』から『スバル』、『白樺』あたりまでの雑誌を中心に上毛三山に関わるお話をしたいと思います。

　その枕として、石原和三郎（いしはらわさぶろう）の「上野（こうずけ）唱歌」に上毛三山が歌われていることを紹介します。石原和三郎は、今はみどり市となった旧東（あずま）村花輪の出身で、みなさんご存知ですね。「兎と亀」とか「金太郎」の作詞をされた方ですが、「上野唱歌」は「晴れたる空に舞う鶴の　すがたは似たる上野は」と歌い始めて、上野つまり群馬の各地をずっと歌い込んでいく形です。その六番で前橋の寺社仏閣を歌った後、七番で「このあたりより見渡せば　ちかくは赤城　榛名山　はるかに望む妙義山これ上毛の三山ぞ」と、三山が歌われています。更に一八蕃、二四蕃、三四番で、妙義、榛名、赤城がそれぞれにまた出て参ります。申し上げたかったのは、明治三十三年、一九〇〇年の時点で、上毛三山はもうはっきり出てきているという事です。

高村光太郎の心のふる里だった赤城

次に参りたいと思います。雑誌『明星』に描かれた赤城の様子。本学のOGで土屋文明記念文学館勤務の佐藤浩美さんに洗い出してもらったデータですが、先程、染谷さんの方からご紹介のあった新詩社の皆さんの赤城の山旅の時のことが明治三十七（一九〇四）年の九月号に出てきています。旅は八月で、高村光太郎（たかむらこうたろう）は、その前から赤城に入っていて、次の十月号に高村砕雨の名で「赤城山の歌」を載せています、更に赤城を舞台にしたものが三十八年三月号の「毒うつぎ」。染谷さんからも紹介のあった所謂「赤城相聞歌」と呼ばれるものです。東京から画家がやって来て、赤城に土地の乙女がいるわけですが、神の定めで土地を離れたら駄目だという掟の中で育っている。そこへ第三の男が現れて結婚を無理強いする。それでこの少女は、画家に思いを寄せて、禁を破って山を下りる。それで悲劇が待っている。後に残ったのはムシトリスミレ、つまり毒うつぎ花だという終わり方です。伝統的に言えば、歌物語のロマンチシズムの一つの典型的なあり方だと思います。

権田　和士

新詩社の文士劇として上演もされた『青年画家』という

戯曲が明治三十八年の四月にあります。この中では、日本画から洋画に転身した佐山一郎という画家が、奥さんの冬子さんと巡り会うのが赤城であるという形で出て参ります。

『明星』のデータを見ると、最後の明治四十年五月に「秒刻」と「紐育より」というのがございます。明治三十九年の二月に、高村光太郎は、美術学校の岩村透の紹介状を携えてアメリカに渡りニューヨークにたどり着くが、紹介状は全く役立たず、ガストン・ボーグラムという彫刻家の元に押しかけて通勤助手にやっとありつきます。屋根裏部屋で暮らしながら、ボーグラムの所へ通う。このころ作ったのが、この「秒刻」という詩です。

隣屋（となりや）にものの音して、
我はいま眼覚むとならし。
枕辺に秒を刻みて
やはらかに耳にやさしき
無限より無限に亙（わた）る
休みなき昔の声す。
　下の室（へや）なるぼんぼんの、
　間遠に五つ打つけはひ。

ちらと鳴るただ一律の
此の音の行くをたどれば、

酔ひごこち、我をむかしに
かへすらし。かへすと言ふや、
今見れば、大沼の岸に
母います、我をまねきて。

赤城の奥のあさぎりは、
藍に胡粉をさす、黒檜山。
我は今、母とあゆめり。
しら樺の白き枝さす、
うすみどり。空すく森に。
母黙し、我ももだせり。
かかる時、大沼をすべり
こだまして啼く鳥の声。
　声せし方をながむると、
　右をひだりに寝返りぬ。

あないかに。かへりみしたる
一瞬に消えし母かな。
おどろきて叫ぶとすれば、

ふくいくと薫る手ありて
我が口をかろく掩ひぬ。
眼にみるは昔の少女。

　阿片のにほひ身をまきて、
物もおぼえず、草の上（へ）に。
我がねむる耳にけぢかく、
あたたかき息こそかかれ。
『君は世に何を欲りして、
かく遠き海のあなたに
おはするや。』泣くとひびきて
休み無き昔の声す。
　下の室（へや）なるぼんぼんの、
間遠に六時打つものか。

早朝の五時から六時の間、まどろんで夢見る。その中で何が出てくるかと言うと、棒線を引いたように、大沼の岸が出てきて、そこに黒檜山が浮かんでくる。次に母親が出てきます。声を発しません。母親が消えてしまうと、昔の少女が出てくる。その昔の少女は、「我がねむる耳にけぢかく、あたたかき息こそかかれ。『君は世に何を欲りして、かく遠き海のあなたにおはするや。』」

一体何を望んで、そんな遠い海の彼方にあなたはいらっしゃるんですかと。光太郎は、ニューヨークでカルチャーショックを受けて、ホームシックにかかる。その中に浮かび上がるのが、江戸下町ではなくて、赤城の大沼の光景だった。昔の少女がどうなったのかに興味がおありでしょうが、ニューヨークで、いわば心のふる里として赤城が想起されている事が、非常に興味深いと思います。

志賀直哉の作家的再出発の場としての赤城

次の赤城のデータが、岡田さんのお話の中にも出て参りました志賀直哉。志賀直哉は何度か赤城を訪れている。学習院のグループとして武者小路実篤も柳宗悦も里見弴（とん）も長与善郎（よしろう）も赤城を訪れている。当時の比較的裕福な人々にはちょうどいい距離だったんでしょうが、この人達が、明治四十三年に同人誌『白樺』を出すわけです。その創刊号から第九号までの表紙を児島喜久雄が描いています。写生ではなく、かなり図案化されたものですが、この絵は赤城ではないかという説もあります。

赤城は猪谷旅館、猪谷六合雄の所に来るわけです。そこで山小屋を建ててもらって、大正四年五月から九月、赤城に滞在する。そこで「焚火」をはじめ「嵐の日」「山の木と大鋸（おが）」「或る男、其姉の死」「赤城にて或日」「赤城山にて」「馬と木賊（とくさ）」などを書いていく。妻の康子（さだこ）さんの、ノイローゼというか、心の癒やしが大きな目的

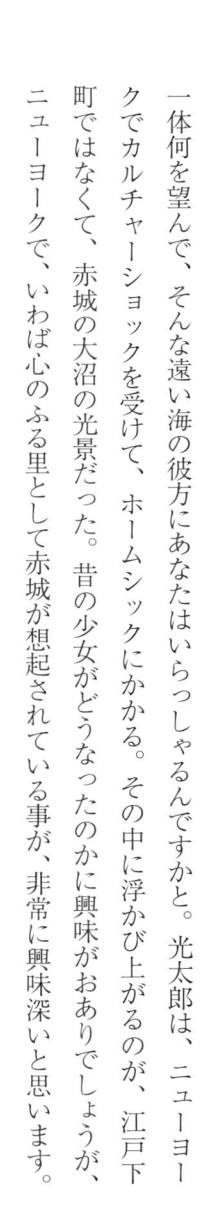

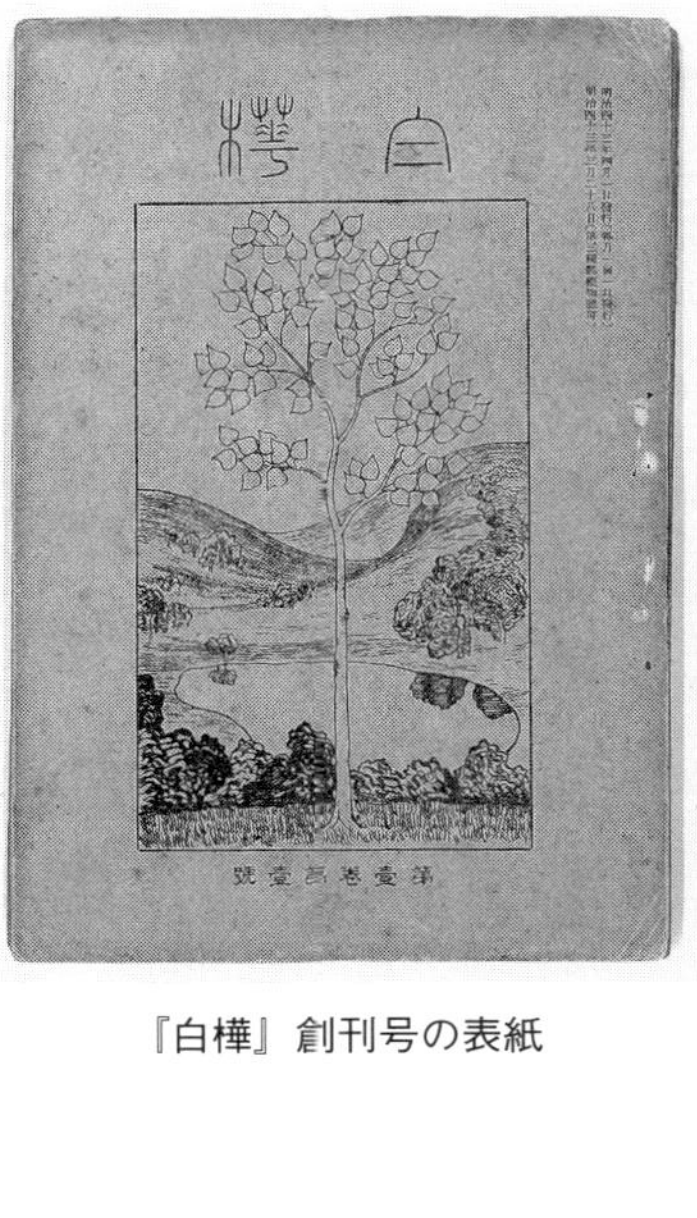

『白樺』創刊号の表紙

だったと思うのですが、志賀直哉自身が、まさに山懐に抱かれて、リフレッシュして、作家的な再出発を果たしていくといえると思います。

話は飛んで妙義です。ウォルター・ウェストンの話です。日本アルプスの父みたいな人ですけれども、『日本アルプス登攀日記』に筆頭岩に登ったと書いています。ウェストンがロープで確保して、案内人の根本清蔵がまず登って、その後ウェストンがロープを繋いだまま登っていったと思われますから、日本人にロープを使った登山を教えた最初が、この妙義山、金鶏山の筆頭岩だったということですね。根本清蔵は抜群の登攀能力があって、ウェストンは北アルプスにも連れて行っていますね。案内人として非常に頼っていて、交流が長く続いた人です。

権田　続いて、山崎真一さん、お願いいたします。山崎さんは鎌倉のお生まれで、いま本学で美術の実技の教員をされています。

シルエットの赤城、対峙する妙義、対話できた榛名

山崎　紹介された通り、どちらかというと海育ちですから、全く山のことは分からないのです。本学に来て三年目になりますが、最初面接の時、新町駅からタクシーで来て、左手の方に雪をかぶった非常にきれいな三角錐の山が見えたので「富士山がきれいに見えますね」と言ったら、「あぁ、浅間山ですね」と言われたくらいです。

そういう立場ではありますが、今回のシンポジウムのタイトルになっています「上毛三山の美に迫る」の「迫る」への、僕なりの「距離感」をキーワードに話を進めたいと思います。

昨年度、平成二十二年度の公開講座のポスターの絵を描かせていただきました。「玉村より望

む赤城山」というタイトルで、この大学の新館六階、敷地の中で一番高いエリアから望んで描いたものです。実は、描き始めようと思った時には赤城山という名前を意識していなかったんです。「あ、山があるな。どうしてもこれを描きたいな」と思ったので、名前も知らないで描き始めたんです。

水彩で、そんなに力を入れないで描けないかなと思ったんですけれど、なかなかそうはいかなかった。それでアクリル絵の具を使ってみたんですが、まだちょっと違うかなぁと思いまして、墨であるとか金泥とか岩絵具を使い雲などを表現しています。一枚の絵の中で二転三転した。自分の中ではなかなかしっくりこなかった。

「玉村より望む赤城山」

何でかなと、今思うのですが、やはり海育ちで、ある意味焦点が定まらないような環境で育っている。海という、ポイントがない、どこに目を向けていいのか分からないものに対して、こちらに赴任して、山には、その存在感を圧倒的に感じる。そこで、そういう存在感を表せる絵の具の強さがどうしても必要だったのではないか。

絵を描き上げた後に、それでも何か足りないと思いました。そこで左下に「玉村より望む赤城山」という字を入れました。それでようやく絵が締まったかな。言葉を入れることによって、若干ですけれど、赤城山との距離が自分なりにちょっと縮まったと思います。ただやはり、遠くで見ている、シルエットとしての距離感というものを感じています。

次に妙義に関しての距離感ということでお話ししますと、染谷さんのお話にあった青木繁は、二十歳の頃に美術学校の仲間の坂本繁二郎、丸野豊と三人で妙義山に写生に行く。金洞山から長野の小諸辺りまで大体二カ月ぐらいかけてスケッチ旅行に行きます。そして、麓より妙義山を望んだスケッチを描いています。麓からですから、ある距離をもって描いているんですが、同じ制作者という立場で見ると、中に入っていくというか、自分の体の中に体験していく、ある意味理想的なスケッチ旅行だったと思います。旅行記が残っていて、その旅行自体が、三人で和気藹々の非常に楽しい時間を過ごしたことが伝わってきます。

山崎　真一

初めて表現できるということがある、

そのスケッチについては染谷さんの方が詳しいかと思いますが、青木繁は、五年後に妙義山を描いています。これは水彩なんですね。スケッチ旅行は秋でした。紅葉が非常にきれいだった。やはり、このスケッチが元なのではないかと、同じ制作者としては感じています。染谷さん、どうでしょうか。その一九〇七年というのは、福田たねとの間に幸彦という息子が生まれます。後に尺八で有名になる福田蘭童（らんどう）です。

最後が榛名山です。先程も出ましたが、やはり榛名山は夢二が有名です。夢二は最初、三十一歳の時に榛名に赴いているようです。榛名が非常に気に入ったようで、アトリエを建てたそうです。美術研究所も作りたかったそうですが、残念ながら、計画を立てたのが亡くなる三年程前で、計画段階で終わっています。五十歳直前で亡くなりました。

その計画を立てた前後、「遠山に寄す」という作品を描いています。一九三一年、夢二が四十六か七のころですね。

そして「青山河（せいさんが）」というタイトルがついた作品を描いています。珍しく油彩で描いております。どこで描いたかと言うと実はカリフォルニアで描いたものですが、アメリカやヨーロッパに渡って、展覧会なども企画するんですね。そして、世界を回っている最中に病になり、戻って来てしばらくして亡くなりましたが、背景として描かれているのが榛名です。そしてこの絵の後、キャンバスの裏に「山は歩いて来ない、やがて私は帰るであろう」というような一文が残っています。

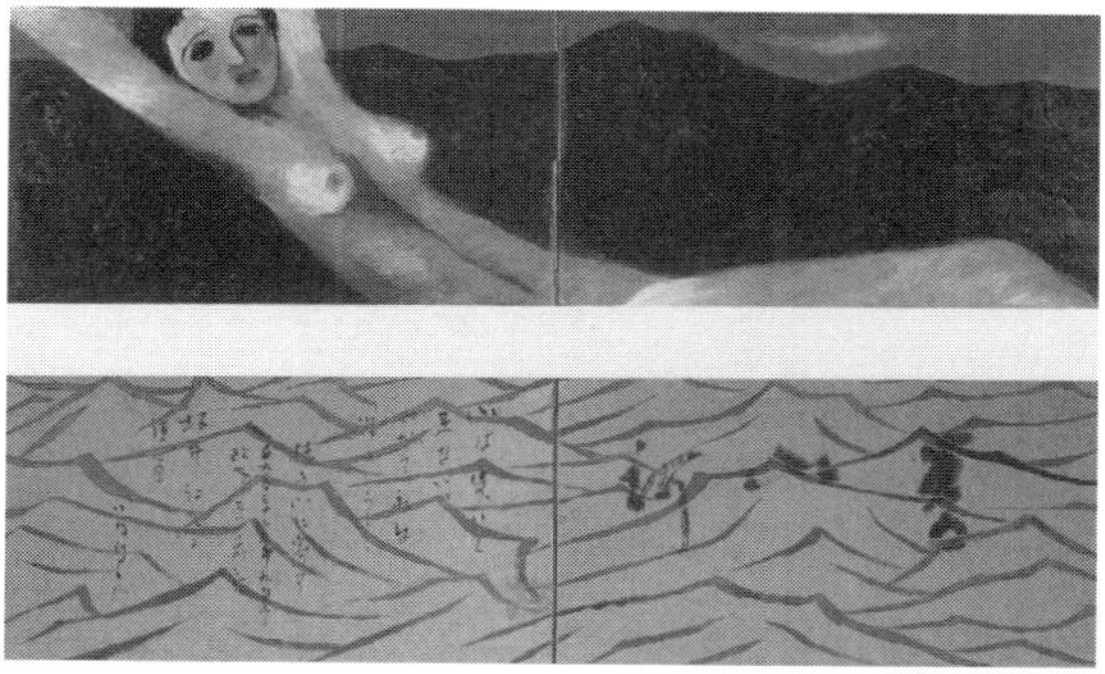
竹久夢二「青山河」（竹久夢二伊香保記念館所蔵）

そしてもう一点。伊香保のある温泉にあるものですが、榛名と榛名湖が描かれている作品を紹介したいと思います。夢二ではありません。河合玉堂（かわいぎょくどう）です。「榛名湖秋色」というタイトルで一九二一年に描いています。どこで描いたかというと「仁泉亭に於いて写す」とあります。千明仁泉亭（ちぎらじんせんてい）という伊香保の老舗旅館です。五百年の歴史があると聞いています。

これを玉堂が描いたのが四十七歳のころです。実は私も今年四十八で年男ですが、昨年、四十七の時に本校と伊香保の温泉街とのコラボレーションをやりました。「伊香保のお宝写真展」と「湯けむりとアート展」。伊香保の中で住まわれている人にとってみれば当たり前のことが、女子大生からすると非常に面白く、それがかわいいと見えたりする。そういうものを写真に撮り、それをお宝と称して、石段街に展示しました。こちらが学生の作品。

それに対し、三人の教員による「湯けむりとアート展」のほうは、それぞれのコンセプトを基に制作をしました。私は「時代・世代が繋ぐ伊香保」をコンセプトに、まず、歴史的重みがある写真をお借りして、あわせて写真への思い、言葉をいただきました。それをベースに作品を制作しました。例えば横手館という三百年以上の歴史がある旅館の社長さんとの作品ですが、祖母にあたる方を描きました。昔は、旅館内に写真館があったようで、そこで撮影されたものを参考にしました。「その人生は、横手館とともにあった」という言葉が紡ぎ出されています。もう一点は、あかりの宿おかべを経営する方の四十年前の写真がベースになっています。「実家が魚屋さんだった」とか、「学校から帰ると、車に乗って旅館の配達の手伝いをした」とか、いろいろな言葉を受け取りました。言葉も同時に展示をし、そこに時間の流れを表したく作品を制作しました。やはり言葉をもらい、ある程度対話ができたことで、少しだけですが、距離感が縮まったのではないかと思います。

距離感をキーワードにお話をいたしました。まとめになります。赤城はやはり、まだシルエットです。目の前に確たる存在感としてあるのですが、やはり多少遠い存在だと思っています。妙義に関しては、対峙する存在。制作者として対峙する時に、理想とする距離感のとり方を青木繁の絵から考えました。

榛名山は、少しだけですが、榛名山の麓である伊香保の人たちとの、交流というか対話というものが生まれて、ちょっと縮まったと思っています。こういう距離感をもう少し求めていきたいと思いました。

上毛三山はいかにして作者の風土となったか

権田　ありがとうございました。赤城の絵を描く時の、制作者としての苦労というのが一枚の絵の中にどれ程あるのかということがよく分かりました。時間が少なくなってきましたが、私も短歌に限って簡単な資料を用意しましたので、そちらを紹介しながら文学の面から話を進めたいと思います。

まず群馬県出身者が上毛三山をどう詠んだか。土屋文明、吉野秀雄、大澤雅休、村上成之、須藤泰一郎、藤岡林城、住谷三郎…実に多くの歌人が上毛三山を詠んでいます。一首ずつご紹介しますと。

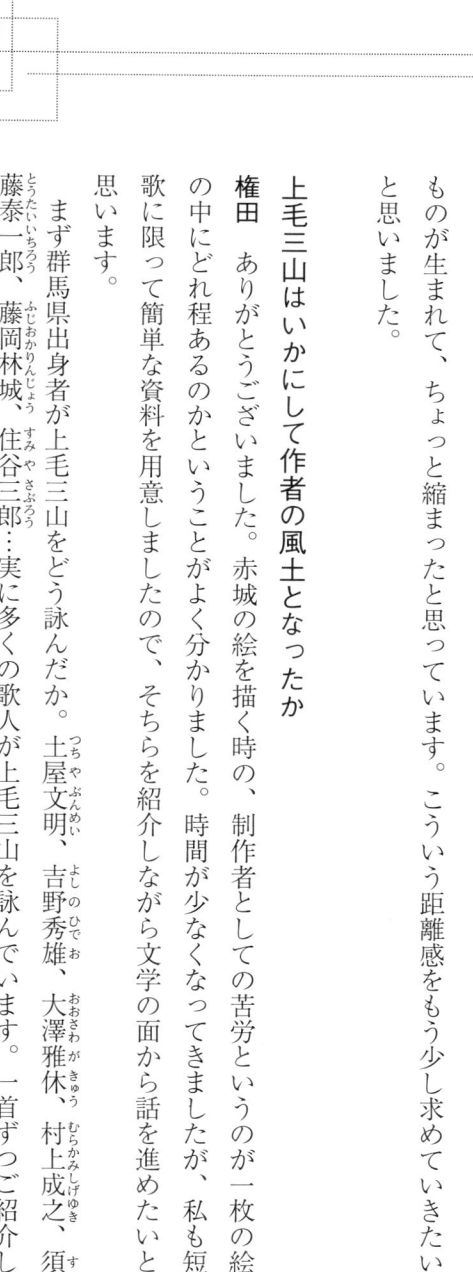

のぼり来し峠の上ゆふるさとの赤城の山が見ゆといふものを　土屋文明
妙義行の残り酒なるを詫びながら墓にそそぎぬ父のため兄のため　吉野秀雄
倉賀野の駅におり立ち打眺む雪の赤城嶺わが村の上に　大澤雅休
妙義嶺の麓たか原日は暮れて風さむざむと枯桑を吹く　村上成之
見れど飽かぬ赤城の山をそがひにしこの日あたりに家居ぞわがする　須藤泰一郎
赤城野に林城老いずことしまたよき梨つくり覇をえむ市場に　藤岡林城
榛名赤城小野子子持と見さくれば視界ひらくる国分寺跡　住谷三郎

その中で代表的な例として土屋文明の歌を見てみたいと思います。

のぼり来し峠の上ゆふるさとの赤城の山が見ゆといふものを

峠を登ってきて、その上で赤城の山が見えたと。見えたのに、そこには自分は帰らないという屈折が描かれているのかなと思いました。土屋文明のもう一つの歌「青き上に榛名をとはのまぼろしに出でて帰らぬ我のみにあらじ」にも共通する感覚かと思います。

今日は特に、群馬に居続けた人たちの歌を見たいと思います。まずは、岡田さんの発表にもありました須藤泰一郎。

見れど飽かぬ赤城の山をそがひにしこの日あたりに家居ぞわがする

赤城の山を後、北に控えて、南に向かって作ったその家(うち)で自分がくつろいでいる、過ごしている、その状況がよく描かれていると思います。前橋辺りに住んでいる方は、共感できるのではないでしょうか。須藤泰一郎は、こうも歌っています。

冬田みち颪をまともに行きむかふ鍋割山は大きかりけり

非常に強い群馬の風ですね。それと対峙するように歩く自分と、それを見守ってくれる鍋割の山というのが実によく描かれている歌だと思います。藤岡林城の歌も面白いというか勇気付けられる歌です。

赤城野に林城老いずことしまたよき梨つくり覇をえむ市場に

山麓で梨園を営んでいたのでしょう。労働している日々の生活を赤城が見守ってくれている状況がよく描かれています。こんな歌も詠んでいます。

雪はちる赤城を見ればむらぎもの心はをどる草を刈りつつ

農作業をしながら、赤城の山を見ると、「むらぎもの」は心を引き出す枕言葉ですが「心はをどる」という気持ちがよく表れていますね。

住谷三郎は岡田さんのご親戚の方ですが、

榛名赤城小野子子持と見さくれば視界ひらくる国分寺跡

その土地を包むように榛名、赤城、小野子山、子持山があって、東の方に平野が広々と広がっている。群馬町のそういう風景の中に自分が住んでいる状況が実によく描かれている歌だと思います。

それに対して、上毛三山を詠んだ県外文人の方たちのものも紹介します。与謝野晶子は非常にきれいな歌を詠んでいる。北原白秋も自分と自然が対峙する歌を詠んでいる。何度か出てきました高村光太郎も、山というものが自分にとってどういうものなのかが非常によく表れている歌を詠んでいます。

水色の角(つの)とも身とも定まらぬ異形の妙義碓氷の紅葉　与謝野晶子
榛名富士湖をへだつるまむかひに冬明しとふを我が眼は霧りぬ　北原白秋
空晴れぬ赤城は高し上つ毛の多胡(たこ)の夏ぐさ真青(まさを)の風や　高村光太郎
音たてて榛名の山を走るとき妙義山見ゆ信濃の山見ゆ　斉藤茂吉

ほんの一例の紹介に留まらざるをえませんでしたが、『群馬文学全集』や先程の上毛三山の文学アンソロジーに全て採り入れられているので、読んでいただけると、非常に面白く新しい発見があるのではないかと思います。

岡田さんは常に「風土というものは眺める自然ではなく自分が自然から眺められる意識をもったとき、その作者の風土となる」と言っておられますが、それぞれの歌人たちの歌にも非常に的確に反映されていると思います。岡田さん、いかがでしょうか。

猪谷六合雄をもっと研究しよう

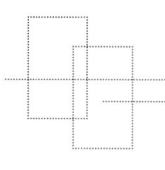

岡田　権田さんが言ってくれたので、もう言う必要がないと思いますが、アンソロジーを編んで

いて赤城についての新発見を少し付け加えたいと思います。

一つは「山乗り」という言葉。明治四十一年に初期社会主義雑誌として知られる『東北評論』が刊行され、高崎が新思潮の発信地となります。通巻四号で終えてしまったのですが、そこに夏の早朝に草刈りすることを「山乗り」と書いています。当時は牛や馬をたくさん飼っていましたから、赤城山に草を刈る場所があったそうです。また、里見弴が、黒檜が一面嘘のように真っ赤で、満紅、満開の紅で天気晴朗、いったい景色なんてこんなきれいでいいのかしらという変な気がすると書いています。そんな風景があったのですね。それから、光太郎なんかと親交のあった水野葉舟（みずのようしゅう）が「私雨」という言葉を使っています。知らなかった言葉なのですが、低い雲が通ると、その所だけにしか降らない雨のことを佐波郡や前橋周辺では私雨と言っているらしい。

もう一つ赤城で重要なのは猪谷六合雄。我が国スキーの草分け的存在として知られていますが、高村光太郎も志賀直哉も、みんな猪谷六合雄を通じて赤城に関わる。高田宏さんが『猪谷六合雄人間の原型・合理主義自然人』で書いています。かなり重要な位置を占める人だと思うし、文章もとても良いものです。一節をちょっと読んでみましょう。

> 雷が壮観なものであるという考え方をすれば、赤城の山の上はとても恵まれた場所だと思う。真ん中に程よい大きさの湖水があって、その周囲をグルッと外輪山がとりまいていて、いざという時にはその上空を、厚い雷雲が覆い被さって蓋をしてしまう。そうすれば、まるで巨大な楽器をこしらえておいて、その中で雷を鳴らしているようなものだ。

赤城に実際に行って雷にあった方は分かると思うのですが、本当に身体の中に響いてくる凄い音です。それが伝わってくる。高田宏さんが書いていますが、猪谷は典型的なリベラリストです。群馬で猪谷六合雄の研究をもう少し深めた方が良いと思っています。榛名・妙義にもつけ加えたいことは多くありますけど、次の機会にしましょう。

権田　染谷さん、お願い致します。

群馬の作家に触れることで距離感が変わる

染谷　私が群馬に赴任して間もないとき、あかぎ国体があった一九八三年に「近代美術に見る群馬」という展覧会を担当しました。このときあかぎ国体でせっかく沢山の人が来るのだから、群馬にちなんだ展覧会、群馬を描いた作品を集めようと提案しました。採用されて、やってみろということになった。そのとき私は、よそから来た作家の方が群馬を訪ねて描いた作品を集めた展覧会をイメージをしていたのですが、そのときの岡畏三郎（いさぶろう）館長から、中央の作家だけじゃなくて、県内作家の作品も一緒に集めなさいと言われた。当時私は、県内の人が県内の風景を描くのは当たり前だから、県内作家の作品を集めてもつまらないのではと思っていて、それよりも中央で評価されている作家の作品を集めた方が面白いかなと思っていたのですが、館長の指示通り、県内作家の作品も半分集めました。実はそれが、私が県内の作家と向き合うことになる最初のきっかけでした。福田貂太郎とか南城一夫とか、当時ご存命だった洋画家たちを訪ねて、群馬を描いた作品を集めているのでということで、群馬の話を聞いたりしました。

先ほどの山崎さんのお話の通り、当時まだ自分は群馬に来て数年で、群馬に対する距離感の置き方がやはり少し違っていたと、今は、はっきりと分かります。今はむしろ、地元の作家がどう郷土の風景、群馬の風景に向き合って取り組んでいるかの方がずっと関心があって、面白いと思っています。必ずしも超一流というわけではなくても、すごくピンとくるものがある。多分私の中で群馬の山々を見る、群馬の風景を見る目が違ってきた、距離感が変わってきたのだろうと思います。

この三十年近い群馬での年月、いま私は完全に群馬県人のつもりでおりますので、今回もこの話があった時に、今このテーマで話すことに感慨深いものもありました。現役の画家の岡本健彦さんも、やはり群馬生まれでなく横須賀生まれですが、ニューヨークや福島を転々として群馬にたどり着いて、群馬に骨を埋めるとおっしゃっている。そんな岡本さんが、いま妙義をテーマに絵を描いていると聞いて、心から感激している次第です。

権田　実は岡本健彦さんが会場にお見えです。

群馬は日本の成り立ち、日本の美の成り立ちに挑戦できる場所

岡本　絵描きの岡本健彦と申します。ご紹介いただきましたように、世界中あちこち回り、一番長かったのはニューヨークで、今のようには自由に出られない状況でしたが、運良くある研究機関に拾われまして、体系的な美術の歴史の中から、いろいろなテーマをとって実験をする、新しい試みをするということをさせてもらいました。

ところが日本に戻りましたら居場所がなくて、縁あって二十年ほど前に仕事場を吉井町の山の中に求めることができました。風神雷神と言いますが、まさに引っ越したその次の日から、山に

雷さんがたくさん落ちてくる事件に遭遇いたしました。たまたま日本画の体系的なものを見直ししていた最中でしたし、御神楽もだいぶ残っていから、風神雷神図への私の挑戦が始まりました。

ここは面白い場所ですね。日本の国がまだ棒のように長い時、ある地殻変動で今の形に折れ曲がります。その時に、ちょうど三山が出来てる。褶曲運動があって柱状節理という岩がきれいに出来てくる。まあ宇宙の神の摂理でしょうか。この群馬は、ただ旅行でどうこうということじゃなくて、大変貴重な重要な位置にあるとつくづく思いました。

それで、今回も鉄斎の石門図を見て、彼へのオマージュとして挑戦したいと、また妙義山にかかったんですが、次は、赤城山が赤城（せきじょう）と呼ばれる、その何故に取り組もうと思っております。

山に分け入り、戻り来る中で生まれるから面白い

権田　続きまして杉本さん、簡単にご感想をいただければと思います。

杉本　距離感の話が山崎さんから出ましたが、私だと、仰ぎ見る山というあり方から「分け入る」方へ入っていく。その「分け入る」も、まず生活で入る人がいる。山菜採ったりキノコ採ったり、猟をする人もいる。あるいは信仰で入っていく人もいる。講登山ですね。

近代になると、三番目の、余暇とかレクリエーションとか山遊び、リフレッシュですね。深田久弥の『日本百名山』の一節は岡田さんが引いてくれたのですが、山には厳しさをもって対するものと、温かく包容してくれるものがあるという。山に対する人間の向かい方も厳しく対峙していく、いわゆるアルピニズムと、穏和に向かうものとがある。アルピニズムなら三山より谷川岳の方が相応しいのかもしれませんが、三山は、古い言葉で言えば静閑派、穏健的に山と接

するようなあり方かなと思います。

山を手がかりに、その山に関係をもった人の見方、考え方、認識などを考える、つまり結局僕らはみんな人間のことを考えている。岡田さんが「自分が自然から眺められる意識を持ったとき、その作者の風土となる」とおっしゃった通りで、やはり山に入って、また出てくるという変化の中で、そこから見えてくるもの、そういうものが表現を生んだ時に共通点や偏差を生む。だから非常に面白くなるのではないかと、そんな気がいたしました。

杉本　優

権田　山崎さん、お願いします。

山との接し方で生まれる距離感

山崎　杉本さんや染谷さんから距離感へのコメントをいただきましたが、私はまだ自分は上毛三山に距離感があると思っております。

特に女子大のある玉村は、山に囲まれてはいますが、非常に平らな場所だと思います。その中で自分がどのように向かうのか、どのように距離感を保つのかは、その山とどう接するのか、そこに関わると思うんですね。

杉本さんもおっしゃいましたけれど、山が一つキーワードになって、それをどういうふうに自分が体の中に染みこませるか、そして染みこんだものが表現できるかに繋がるかだと思います。

その点で面白かったのが、染谷さんからも紹介がありましたけれど、群馬県出身であり山を知りながら、山をかなり奥に配置して描いている山口薫さんの作品です。鳥を描きたかったと思うのですが、遠くに赤城が見えている。この気持ちは、今の僕にはしっくりきます。今後、長い年月をかけて赤城のある意味厳しい風が馴染んできて、もう少し距離感がなくなってきたときに、新たに制作ができれば、それもおもしろいと、今は思っております。

権田　上毛三山と上毛三山が生んだ文化があまりにも豊かすぎて、論点が多く、やや消化不良に終わったかもしれません。

岡田　最後に一言だけつけ加えさせて下さい。この三冊のアンソロジーと同時に作った展示会の図録も、三山の文学年表が付いていてお役に立つと思います。是非これも参考にご覧になっていただいて、上毛三山を究めてほしいと思います。

権田　ありがとうございました。今後も続けていく事をお約束して閉じたいと思います。

第23回
群馬学
連続シンポジウム

天明三年浅間焼け―復興と語り継ぎが育む減災文化―

平成二十四年十二月十五日（土）十三時三十分～十六時
群馬県立女子大学講堂

基調講演

埋没村落「鎌原村」の発掘　―減災文化への幕開け―

嬬恋村郷土資料館名誉館長　松島　榮治

発掘調査を決意した経緯

ご紹介をいただきました松島です。災害の実態と社会的な影響を学術的に調査研究する学問を、私は災害考古学と言わせていただいております。その研究の成果として非常に顕著なものは、昨今、新聞やテレビなどで報道されております渋川市の金井東裏（かないひがしうら）遺跡の鎧を着装した人骨があります。これは、災害考古学の典型的な事例ではないかと私は思っています。

さて、災害考古学の幕開けとなりました浅間焼けで埋没しました鎌原村（かんばらむら）（現嬬恋村鎌原）の発掘調査について、今日はお話し申し上げます。

松島　榮治

まず、鎌原村の発掘調査がどのように行われたかについてです。昭和五十三年のことだと思います。東京などに在住する歴史学や火山学などの研究者約十二人ほどが、天明三（一七八三）年の浅間山の噴火について、「浅間山麓埋没村落総合調査会」を結成し、調査研究を実施するとの報道を耳にしました。すると、ある日突然、学習院大学の児玉幸多（こだまこうた）教授（一九〇九〜二〇〇七）から「ご承知のことと思いますが、この度、私たちは、天明三年の浅間山噴火について、総合的な調査・研究を行うことにしました。ところが、発掘調査を担当できる者がおりません。つきましては、是非調査会に加わり、発掘調査を担当していただけませんか」と電話がありました。この電話について、私は即答することが出来ませんでした。

児玉先生からの折角の電話に即答できなかった理由は、天明三年浅間山噴火については記録的な史料は沢山あり、萩原進（はぎわらすすむ）先生が『浅間山天明噴火史料集成』五編をまとめておられる最中ですし、地元には様々な言い伝えもあります。こうした中でわざわざ発掘調査の必要があるかどうか。また、考古学は、主に文献的な史料のない時代を研究の対象とする学問とされてきています。江戸時代とされる時代のことについて、発掘調査が必要であるかどうか、さらに、埋没した鎌原村は、十数メートルの深さに埋没されているとされています。これを果たして掘りきることができるかどうか即答できなかったのです。

そのような中、私の思いを覆す資料に遭遇しました。それは、江戸時代の狂歌師・戯作者である大田南畝（なんぽ）（蜀山人（しょくさんじん）・一七四九〜一八二三）の書いた随筆『半日閑話（はんにちかんわ）』の中の「信州浅間嶽下奇談」です。現代語訳ですが、こんな内容でした。

文化十二（一八一五）年頃、聞いた話、信州浅間嶽辺の農家で井戸を掘った。二丈（約六・五メートル）ほど掘ったけれど水が出ず瓦が二、三枚出てきた。こんな深い所に瓦がある筈はないと思いながら、なお掘り進めると、屋根が出てきた。

これを崩してみると、暗い中に人のいるような気配、そこで松明で照らしてみると、年の頃五〜六十歳くらいの老人二人がいた。二人に問いかけると、老人が言うには「幾年前かは分からなくなったが、浅間焼けの際、土蔵の中に六人で避難していたが、埋まってしまった。四人は横穴を掘ったが死亡した。二人は蔵の中の米三千俵、酒三千樽で命を伝えてきた。今日再会できたのは、生涯の喜びです」と。

農夫は、噴火の年を数えてみたら三十三年も前のことだった。そこで、その頃の人を呼んで会わせてやると、何屋の誰が蘇生したとのことであった。

早速代官所に連絡した。早速、二人を引き上げようとしたが、永年地下で暮らしていたため、直ちに風に当てると、死んでしまうかもしれないと思い、だんだん天を見せそろそろ引き揚げることになり、穴を大きくし日が当たるようにし、食物を与えていた。専らの話である。

私は、これを目にした時、このようなことは事実としてはありえないが、こうした話を成り立たせる何らかの理由があったのに違いないと思いました。だとすれば、発掘によって、奇談にみるようなことを明らかにすることができるのではないか。

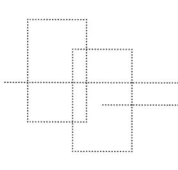

私は、発掘調査の担当を引き受けることにしました。

発掘調査の実施

発掘調査の対象地として、私は二カ所選びました。その一つは観音堂の石段でした。なぜ観音堂の石段を選んだかと言うと、観音堂の石段は、現在の地表と災害時の地表を結ぶ唯一の事物であり、これを掘り進めれば、必ず天明三年当時の地表に到達するだろうと言う事。更に、観音堂の石段についての疑問でした。それは、発掘調査以前は、その段数は一二〇段あるいは一五〇段と言い伝えられていました。これに対して私は疑問を抱きました。それは、石段の幅は、一・二メートルほどしかない。この幅で一二〇あるいは一五〇段の石段を構築することは、構造的に不可能ではないかということでした。この疑問を解決するには、発掘調査によって事実を確かめるほかはないと、石段を選択しました。

もう一つは、十日ノ窪（とおかのくぼ）とされる場所でした。この地は、観音堂から南東へ五〇メートルほど離れた雑木林の中でした。この地は、かつて、地元の人が炭を焼く窯を造ろうと整地したところ、焼けた茅と建築用材らしきものが発見されていました。これを受けて、昭和五十年、観音堂奉仕会の有志が発掘を実施しました。しかし、その作業は無届けであったため、行政的な指導もあって中断せざるを得ませんでしたが、その際、建築用材の一部と水差・硯・鎌・砥石などが発見されました。この事実は見逃すことはできません。当然発掘調査地として選定しました。

発掘調査の結果①　観音堂の石段

観音堂の石段は、境内に連なる上部一五段は埋没から免れ、その下部一三五段ないし一〇五段は埋没されたとされてきました。ところで、発掘調査を進めてみると、現在の地表から六メートルほど掘り下げた所で終わっていました。それより下は固く踏み固められた地面となっていました。改めてその段数を数えてみると、総数は五〇段であることが分かりました。その結果、これまで一二〇あるいは一五〇段とされてきた観音堂の石段は、言い伝えとは異なり、実は五〇段であることが判明したのです。

このことは、石段の本当の数が判明したということに止まらず、もっと大きな意義を持ちます。それは、一二〇段あるいは一五〇段あった石段のうち上部一五段を残して埋まったということと、五〇段の石段のうち、上部一五段を残して埋まったということでは、災害の規模が全く異なるということです。観音堂の石段の発掘調査により、災害の規模が判明したということです。

観音堂石段の遭難者の写真
（松島氏提供）

石段の発掘調査では、もう一つ思いもかけない発見がありました。

それは、災害の際の遭難者の発見です。石段を上方から掘り進め、四九段から五〇段目を掘り進んだ箇所で突然頭髪が出てきました。慎重に掘り進めると、側頭部を石段面に接した頭部が現れましたが、驚いたことには完全に白骨化していなくて、皮膚などの部分がへばり付いた状態で残り、ミイラの様な状態でした。したがって、目や鼻など顔面の保存状態も良く、心なしか、何となく悲しそうに見えたのが今も心に残っています。頭部に続いて頸部そして脊椎が出てきましたが、その腰骨に続く脊椎は、著しく前屈みに湾曲していました。骨盤から別れた右足は、膝の部分で屈折しながら前方へ伸び、これに対し膝の部分が僅かに屈折した左足は後ろに引いた形でした。その姿勢は、通常なものではなく異常なものを感じさせるものがありました。

遺体は、一体だけと思っていましたが、精査の段階で、既に発見された遺体の胸の辺りから、別の頭部が発見されました。前に発見された遺体と同じように、頭部側面を石段面に付けた横向きで、その肢体も前の遺体に密着する状態でした。ただ異なる点は、後から発見された遺体の背骨は全く前屈せず正常なものでした。

こうした状態で発見された二人の遺体について、新聞記者などから質問が発せられました。二人はどのような状態を表しているのか。災害との関係。そして、性別と年齢についてなどでした。いずれも難しいことですが、発掘調査担当者として、当然答えなければならないことです。調査で判明した事実に則して、私は、次のように説明しました。

まず、二人の状態について、相対する二人の姿勢、手足の絡まり方などからして、最初に発見された人は背負われている人、後から発見された人は背負った人と見られること。次に、災害との関係については、いずれも石段に密着していること、更に、背負った人の足の様子から歩行中の状態であると推定されることなどから、二人は災害の際、観音堂に向かい避難中、石段の基部に到達した時に、背後からの「押出し」によって倒されたものと見られること。

そして、性別・年齢については、種々観察・検討の結果、髪の毛の状態と、その結い方に着目し、初めに発見された、背負われていた人は、白髪が目立つこと、そして「茶筅結（ちゃせんゆい）」とされる茶筅の形・大きさに髪を結っていることから、歳を重ねた女性すなわち婆さんであると。これに対し背負った人は、黒い髪の毛を後ろに長く伸ばし、その先端から巻き上げ、首の後ろで束ねている。当時「じれった結（ゆい）」と呼ばれたもので、主婦たちの髪の結い方と認定しました。これにより、私は、主婦とみられる成人女性が、老婆を背負って倒れていたと説明したのです。

発掘調査の結果②　十日ノ窪の埋没家屋

十日ノ窪の発掘では、三軒の埋没家屋を確認し、その内の一軒について調査を実施しました。屋根地表下四・五メートルほど掘り下げると、茅で葺かれた潰れた状態の屋根が出てきました。屋根を取り払うと、その下からは、土間あるいは居間のようなものが現れてきました。そして、その面からは、その家で使用されていた生活用品が、三百数十カ所、点数にして二千余点が発見されました。この状況は、天明三年八月五日時点での生活状況を彷彿させるものがありました。おそらく、この家で暮らしていた人は、災害のその時、何も持ち出すことなく、命からがら逃避したものと思われます。切羽詰まった様子が垣間見られます。

発見された遺物を整理・分類すると、衣食住、経済生活、社会生活、信仰生活関係などの各分野にわたり、当時の鎌原村の暮らしぶりが蘇ってきました。そうした中で、特に注目されるものに、イタリアのヴェネツィア製とみられるビードロ鏡、中国から生糸を輸入した際に用いられた銅製の糸印などがありました。これらは、通説では大名・豪商・文人墨客などが珍重し愛好したとされるものです。また、これらの特殊なものと異なり、普遍的に発見されるものに陶磁器類があり、その中でも、九州の肥前（佐賀県）伊万里で生産された磁器の普及には目覚ましいものがありました。

十八世紀の後半、商品経済の活発化によって、地方の町や村に起こった在野・民間の「草莽の文化」は、郷村にあっては、金と暇のある旦那衆の文化であって、一般民衆は貧しいが故に全く関係がないとされてきました。特に、山村僻地とされる江戸時代の嬬恋村辺りでは、そうした思いが一般的でした。しかし、十日ノ窪の埋没家屋発掘調査では、そうした見方を一変させました。天明三年鎌原村の生活文化は水準が高く、そして豊かであったことを遺物によって証明することができたのです。

発掘調査では、生活文化や災害の規模・原因など、これまで言い伝えられてきたことなどとは全く異なる事が明らかになりました。

特に、災害の直接的な原因となった押出しとされる現象について、これまで「熱泥流」とされてきましたが、調査・検討の結果、常温のしかも乾燥した物体であることが判明し、以後、「土石なだれ」とされ、これが火山災害に大きな被害をもたらすとの認識を高める結果となりました。

減災文化に学ぶ

自然災害の一つ、噴火活動による災害には特に目立つものがあります。浅間山について言えば、有史以来大きな噴火を繰り返し、その都度、山麓に生活していた人たちに大きな被害をもたらしてきました。こうした火山災害について、人知や技術によって皆無にすることができれば、それに越したことはありませんが、それは不可能です。この避けては通ることのできない噴火活動について、現在、私たちに課されていることは、いかに災害を少なく済ますことができるか。減災文化を学ぶということです。

減災文化を学ぶに当たり内容は多方面にわたっていますが、歴史上著名な噴火活動とそれによって発生した災害を、科学的に検証する必要があります。いわゆる災害考古学はその手段の一つです。

本日、考古学研究で得られた天明三年浅間山の噴火による災害について、その一端を申し上げました。埋没した鎌原村の被害の実態としてご理解いただき、これを機に、その原因や経過などについて、ご関心いただけたら幸いです。

また、減災文化学習に当たっては、被災者はどのようにしてこれを克服し、生き抜いてきたのかも重要な課題と思われます。そこで、鎌原村における天明三年の火山災害の中、被災者たちが「生きる」「命」、そして「家族」といった現代的な課題とどのように対処したかについて、その事例に改めて触れます。

その一例として、前に述べましたが、観音堂の石段の基部で発見された二人の被災者のことです。

天明三年浅間山の噴火は四月（新暦五月）から始まりました。その後、噴火は日毎に激しさを増し、七月に入ると比較的静かな状態でしたが、七月八日（新暦八月五日）昼四ツ半時分（午前十一時頃）に突然大噴火を起こしました。浅間山の北側には、ヒッシリ、ワチと異様な音をたてて「土石なだれ」が発生しました。

その日その時、二人は家に居たと思われますが、このままでは危ないと感じ、高台にある観音堂を目指したのでしょう。その際、若い婦人は、単独で走れば十分に間にあったと思われます。しかし、若い婦人は、年を取った婦人を背負って走ったため間に合わず、観音堂の石段の基部において被災したものと思われます。そこで、改めてこの二人について観察すると、老婆の姿は、腰が極端に曲がっており、杖を使用しなければ歩行困難なような姿です。したがって、家のこともあまり出来ず、また社会的にも役立つことのない、言うならば社会的弱者とみられます。この老婆を、若い婦人は見捨てることができなかったのです。この様子は、天明三年の災害の中で、そこに住んでいた人たちが「命」や「生きる」ことについて、どのように考えていたかを具体的に示すものです。昨今の社会では、生きるとか命について、非常に粗末にされています。そうした中で、この被災した二人の姿が我々に教えてくれることは大きいのではないでしょうか。

もう一つ申し上げたいことがあります。それは、家族の編成です。鎌原村には五七〇人が暮らしていました。この内、四百七十七人が犠牲となり、たった九十三人が助かりました。助かった九十三人は、家を失い、家族も離散してしまいました。前途の見えない生活でした。

このような時、幕府の勘定奉行・町奉行であった根岸鎮衛（ねぎしやすもり）の書いた『耳袋』（みみぶくろ）の「鎌原村異変の節奇特な取り計らい致し（いた）候（そうろう）者の事」によれば「（鎌原村は）人別三百人ほどの場所、わずかに男女子ども入れ九十三人残りて、あとは残らず泥火石に押され失（う）せしなり。これにより、まことにその残れる者途方にくれ居たりしに、同郡大笹村（おおざさむら）長左衛門、干俣村（ほしまたむら）小兵衛、大戸村（おおどむら）安左衛門といえる者奇特なるにて、さっそくめいめいへ引取りはごくみ、その上少し鎮まりて右大変のあとへ小屋掛を二棟しつらえ、麦・粟・稗など少しずつ送り助命いたさせけるに内に（略）かかる大変にあいて生き残れし九十三人は、まことの骨肉の一族と思うべしとて、右小屋にて親族の約諾をなしける。（略）九十三人のうち夫を失いし女へは女房を流されし男をとり合わせ、子を失いし老人へは親のなき子を養わせ、残らず一類にとり合わせせける」とあります。

いわゆる家族の編成です。これが鎌原村復興の第一歩でした。

ところで、家族とはどのようなものでしょうか。通常、家族とは血縁を絆とした組織です。こうした家族は最も恵まれている家族です。ところが、昨今この家族はどうやらおかしな状態となっています。親が子供を、子供が親を、あるいは兄弟同士で痛めつけ合う、そのような報道が絶えません。

災害の後、鎌原村復興の第一歩として結成された家族は、血縁を絆として結ばれたものではなかったのです。災害後の苦しい、そして悲しい日々をどうやって克服していくか、そうした思いを絆として結ばれた家族なのです。こうした家族が組織され、鎌原村は復興に立ち上がったのです。こうしたことがあったことを、恵まれた現在の社会に暮らす人々には是非知っていただきたいと思います。

おわりに

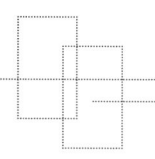

火山の噴火そして地震活動は、自然災害の中でも代表的なものです。その噴火活動や地震活動について、我が国は世界的にも目立つものがあり、「火山国日本」「地震列島」などと言われるほどです。日本においてはこれらの災害は避けては通れません。従って、これらについての対応は、必要欠くことのできない事と思われます。ところで、自然災害の典型とされる噴火活動や地震活動には、人間のもつ知識や技術では、遙かに及ばないものがあります。そうしたことである以上、

起こり来る災害をいかに減少させるかについて、学ぶ事は必要欠くことのできない事です。その際、過去に起きた災害の実態を検証すること、そして災害後、被災者はどのように困難を克服してきたのか。学ぶことは多いことと思います。

この度、群馬県立女子大学群馬学センターでは「天明三年浅間焼け―復興と語り継ぎが育む減災文化―」をテーマに、群馬学連続シンポジウムを企画されましたが、ここに、天明三年浅間焼けに関わる災害の実態と災害に生きた人々について、申し上げる機会を設けていただきました。ご意向に沿えたどうか、案じつつ基調報告とさせていただきます。

パネルディスカッション

復興と語り継ぎが生む減災文化

嬬恋村郷土資料館名誉館長　松島　榮治
高山村立高山小学校教諭　関　俊明
少林山達磨寺住職　廣瀬　正史
国立国語研究所時空間変異研究系特任助教　竹田　晃子
群馬県立女子大学群馬学センター副センター長　熊倉　浩靖

熊倉　松島さんは「災害は避けては通れない。災害は、私たちに災いをもたらすと同時に、それによって生かされている面もある。だとすれば、災害とどう折り合っていくかが大切だ。特に災害が起こった後にどう復興していくかというなかに、私たちは命や様々な問題を考えることができる」ということを非常に分かりやすく、かつ実証的にお話ししてくださいました。

それを受けましてのシンポジウムです。まずは、天明三年浅間焼けについての復興と語り継ぎが、いま現在の群馬の減災文化の基礎になっているとするならば、それはどのようなものなのかを関さんから問題提起していただきたいと思います。

群馬中心に千五百人以上が犠牲となった歴史的災害

関　私は現在、小学校の教員をしておりますが、十年間埋蔵文化財調査事業団で発掘調査に携わる中で、この天明三年浅間焼けの調査に関わらせていただきました。そして今、学校の現場に戻って、地面の掘り返しではなくて、文字や言葉というか、文化の掘り返しというか、そんなふうに天明三年浅間焼けを自分の中では咀嚼しているのですが、テーマを持って天明三年浅間焼けに取り組み続けていきたいと思っています。

図は天明三年浅間災害の被災図です。広く沢山の軽石や火山灰が降っています。それから、川伝いに泥流がありました。噴火と共に岩屑（がんせつ）なだれ、あるいは土石なだれと呼びますけれど、大量の土砂の移動がありました。そして吾妻川に流れ込み、やがて利根川に流れ込んで沢山の犠牲者が出ました。先ほどの松島先生のお話にあったように、麓の鎌原村で四百七十七人もの犠牲者。そして川伝いに千百人以上の犠牲者。合わせて千五百人以上の方が亡くなった歴史的災害になりました。長野県側でも一人亡くなったという記録がありますが、犠牲者はほとんどが群馬県側でした。このような火山災害でした。この災害の復興と語り継ぎ

天明三年浅間焼け被災図（関作成）

が何をもたらしたか。それは、天明三年研究のもう一つのテーマでもあります。

関東大震災と阪神・淡路大震災に際して、いち早く救援に向かった群馬の原点

そんな中で私が調べてきたこと、最近考えていることを話します。

今から二年前（二〇一〇年）、阪神・淡路大震災が発生して十五年経ったことを機会に「世界災害語り継ぎフォーラム」が神戸で行われました。その中で国内の火山災害の事例ということで発表する機会をいただきました。

前日のレセプションの席で隣に座られた方とお話ししていたら、何と阪神・淡路大震災の時の兵庫県知事の貝原さんという方でした。「お前、何しに来たんだ」というので「明日、鎌原村の、それから群馬県側の災害の語り継ぎということでお話をさせていただきます」と申しましたら、「阪神・淡路大震災の時に群馬から当時の小寺知事が一億円の義援金を持って見舞いに来てくれた。それは、もしかしたら二百三十年前の群馬の災害に対する気持ち、支え合いから出ているのではないか」というご指摘にヒントをいただきました。

一県民として、群馬を代表してという訳でもないのですが、その言葉に非常に嬉しいものを感じました。戻ってきて本当かと、県議会議事録を調べてみたら、確かにあったんです。

県として平成六年度一般会計予算より、専決として兵庫県に一億円・大阪府に五百万円の義捐金、そして医師、看護婦等の医療団の派遣を中心に一般職員を含む人的支援に取り組んでいる。

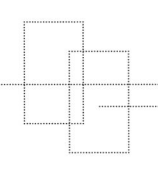

平成七（一九九五）年の二月定例会の議事録の知事発言です。調べていくうちに、大正十二（一九二三）年九月一日発生した関東大震災の時も群馬にこんなことがあったという事実を見つけました。最近の北原糸子先生の研究『関東大震災の社会史』（二〇一一年）の中に載っています。

（群馬県は）二日午前一時に県知事を含め内務部地方課長、労務課長、警察部保安課長らが協議をし、食糧送付と救護班派遣を確認した。同時に内務部長を自動車で東京へ向けて出発させ、三日には本省に帰庁、内務省社会局長塚本清治に面会、群馬県の救護策についての指示を得てきた。震災を受けず、かつ震災地への交通が遮断されていない地域として、群馬県は消防団員と青年団員を中心に民間の救護団を派遣していち早く対応した。このことが震災救護際立つ活躍をしたとして、九月三〇日摂政宮（後の昭和天皇）から褒詞を戴くことになったと推定される。こうした県は群馬県以外になかった。

ここにも群馬の災害に対する助け合いの文化、気持ちが表れているのではないでしょうか。このような例から、群馬の歴史の中で天明三年の災害が語り継がれていることが群馬の文化の土壌となっているのではないかと考えております。

災害を伝える要素と語り継ぎの時間軸

災害を伝える要素としてはどんなものがあるでしょうか。

まずは供養碑などの石造物。内閣府の調査もあって、現在百十六基が確認されています。絵図は二百三十八点。古文書については数知れない状況です。それから、天明泥流によって運ばれてきて残されている大きな岩石、例えば渋川市の新幹線の高架下にある金島の浅間石といったような記念物。松島先生のお話にありましたような発掘調査で発見される実物などがあります。

発掘調査は私も関わらせていただいていますが、松島先生の発掘のような学術調査は少なく、多くは、行政発掘といって開発に伴う調査です。ですから報告書は残りますが、遺構はほとんど壊されてしまう。天明三年の浅間焼けに関わる遺跡だけでも百以上が確認されています。これ以外に、語り継がれている行為、伝わっている年中行事を文化という事で災害を伝える要素として括ってみました。

こういった要素を語り継ぎの時間軸ということで時間軸にして検討しています。

簡単に見ていくと、例えば東吾妻町（ひがしあがつま）にある善導寺（ぜんどう）というお寺の門前には七回忌、二十三回忌、三十三回忌、五十回忌、百五十回忌の供養碑が置かれています。供養祭が行われた後の供養碑だと思いますが、こういったものが一つのお寺の山門に置かれ続けていることが確認されます。まさに語り継がれている訳ですね。

関　俊明

鎌原の観音堂では、身護団子（みごだんご）と言って、地元の方が春の彼岸に集まって団子を作る年中行事です。先ほどのお話のように、災害後に新たな夫婦が出来た、そのお祝いの取り肴としてこの団子が近隣の村から送られたことが、発生の起源になっていると考えられています。

それから、三十三回忌の頃に初めて鎌原の観音堂の前に供養碑が出来たことが伝わっています。また、災害を伝えてこれを語り継ぐ和讃(わさん)が明治の初年頃には出来上がっていたようです。災害発生から八十年から九十年経ってでしょうか。

百八十回忌の時には伊勢崎市にある戸谷塚(とやづか)という所でも供養祭があり、戸谷塚の人々と鎌原の人々との結びつきが強まって互いの供養祭に行き来するようになった事例があります。それから松島先生のお話の通り、鎌原村の発掘が行われた中で全国からの見学者の皆さんに観音堂で接待をしようと観音堂の奉仕会が組織されたり、資料館が建設されたりといった活動が続いていることになります。災害から二百年も経ってのことです。

比較的最近のことですが、長野原町(ながのはらまち)の国道沿いに下水道を敷設する工事を始めたところ、当時の石垣などが見つかり、それを契機に雲林寺(うんりん)というお寺で供養祭が始められるという動きも出ています。また、地元の鎌原小学校で昭和五十九（一九八四）年に出された『鎌原小学校百五年の歩み』の「天明浅間押し百五十年」の項には写真が一枚あり「この時写した記念写真を見ると年寄りの人は江戸時代に生まれた人がいるが、これらの人の中には、天明三年の体験者を見たことのある人がいる可能性もあるのではないかと思う」と書かれています。歴史上の話ではあるけれども、当時の出来事をより忠実に振り返る呼び起こしが出来る機能のある一枚となっています。

フィールド・ミュージアム「日本のポンペイ」を目指して

エクセルの表を作って、自分で確認したり、皆さんに教えていただいた語り継ぎの内容を時間軸に沿ってまとめ始めています。それをベースにフィールド・ミュージアム「日本のポンペイ」

を目指しています。

フィールド・ミュージアムという言葉は初めてお聞きの方もあろうかと思いますが、今申し上げたような伝承、年中行事や文化、遺跡、供養碑、史料も残された地形、ミュージアム、地形などを点のままに留めず、集合体、全体として語り継ぐ方法として考えていきたいと思っています。

そうなると、広がりが出来てくる。例えば、渋川市では甲波宿禰（かわすくね）神社という由緒ある神社の発掘調査を行いましたが、この神社、吾妻川に流れ込んだ浅間泥流の被災を直に受けています。被災する数年前に描かれた絵図がありました。その絵図の通り発掘調査をしてみると神社の基壇が出てきました。現在、そのことを刻んだ石碑も残っています。

天明三年は干支（かんし（えと））で言うと癸卯（みずのとう）の年です。あと十年経つと四周り目がやってきます。二百四十年ですね。二〇二三年。その頃には、勝手に呼んでいますが、フィールド・ミュージアム「日本のポンペイ」のデータベースをまとめ上げたいと考えています。

熊倉　ありがとうございました。大変膨大な資料をご提示いただいたので、今後またこの点について議論していくことがあろうと思いますが、次に廣瀬正史ご住職にお話しいただきます。種明かしになるとまずいとは思うのですが、高崎の縁起だるまが天明三年の浅間焼けとどう関わってくるのか。皆さんが知っているようで知らないお話をいただきたいと思います。

浅間焼け・天明の大飢饉と縁起達磨

廣瀬　いま振っていただきましたが、縁起だるまが天明三年の浅間焼けと関わりが深いことをご存知の方が非常に少ないようなので、引っ張り出されたわけです。

達磨さんが直接天明の噴火と関わっているのではありませんが、農家の人たちがその影響で非常に苦しんだ天明の大飢饉、原因は浅間の噴火だけではなかったそうですが、追い打ちをかけられまして、農家の人たちは大打撃を被っておりました。それを見かねた少林山の九代目の和尚さん、東嶽和尚が、達磨作りを農家の人たちに勧めたことが言い伝えられております。明治になってから観音堂を残して少林山は焼けてしまい、お寺の史料は何ら残っておりませんので、言い伝えをまた皆様方にお伝えする次第でございます。

この縁起達磨が作られるようになったのは、少林山達磨寺が出来てから百年程してからなのです。

発端は前橋の少林山、開山に知恵を出された黄門さま

お寺が出来たのは元禄十（一六九七）年、一六〇〇年代の最後の方です。ですから、お寺としてはまだ若いお寺です。本来は江戸時代には本山と無関係でお寺を建ててはいけないという寺院法度があったのです。

廣瀬　正史

お寺というと法事やお葬式と思われますが、「生き死に」の「死に」だけでなく「生き」にも深く関わっていて、今でもうちの寺では沢山の方が命名を依頼しに来て下さいます。名前を付け、お寺の記録に残します。これ、実は役所の機能でもあったのです。その地域の方々がキリシタンではないことを証明するためにお寺が機能していたようで、

お寺が「この人はうちの檀家だからキリシタンではありません」と証明しないと旅も出来なかった、寺子屋という形で教育の機能も持っていた。生まれてから死ぬまでお寺はその地域の核として機能していたものと思います。ですから、新たにお寺を建てることを禁じられてしまっていたのです。

ところで、今は高崎の少林山と言っていますが、少林山の地域は、四〇〇年前の慶長五（一六〇〇）年のころからは前橋藩の領地だったんです。そのころは前橋の少林山だったわけですね。このこともご存知の方、少ないかもしれませんが、そこに達磨像がまつられて村の人たちが少林山と呼ぶようになったので、それを領主が見に来て「これはいい場所だ。景色もいいし、前橋城が見える」と。今でも県庁のビルが本堂からよく見える。そんな場所です。そこで藩主の酒井公、前橋城から見るとちょうど裏鬼門にあたるから前橋を守るお寺を建てたいと願うのです。しかし、寺院法度がありますから、正面切ってお寺を作れないのです。ではと、水戸の黄門様にお願いをして、黄門様のお蔭でお寺が出来るようになりました。それで、少林山は水戸家の祈願所として、葵の紋と丸に水という水戸を表す紋所を水戸家から頂戴しております。お寺にお参りの時には、そこかしこにありますので、ご覧になってください。

水戸の黄門様からどんな知恵を授けていただいたか。新たにお寺を建ててはいけないというが、再建ならばよいのではないかという知恵です。どこか名前だけの寺は残っていないか、名前だけのお寺をどこか場所を変えて再建することにすれば、お寺を作るのは可能ではということになりました。探してみると、箕郷（みさと）の富岡という所に（高崎市箕郷町富岡）白川の氾濫で境内も伽藍もすっかり川の中に入ってしまった、名前だけのお寺がございました。鳳台院（ほうだいいん）というお寺です。それを移築する形で寺格をいただけることになりました。昔の古地図には少林山達磨寺の名前ではなく鳳台院の名前で場所が記録されたものが残っています。お寺が出来て十何年か経ってから、少林山達磨寺という名前を使っていいという許可が下り、それ以来少林山達磨寺になったようです。

前置きが長くなりました。お寺が出来ても和尚さんがいなければお寺として機能しません。もう一度黄門様に「どなたか素晴らしい和尚さんはいらっしゃらないですか」と紹介していただいたのが東皐心越（とうこうしんえつ）という、中国からの和尚さんです。明末清初の動乱を避けて中国の浙江省からやって来られて黄門様のお師匠となっておられた方です。黄門様のテレビドラマは終わってしまいましたが、高崎が出る度に黄門様の先生として東皐心越が少林山の住職として出ておりました。実際は、心越禅師は亡くなられて、高弟の方がお寺に入られたのですが、開山は心越様。そのように、黄門様とは非常に縁のあるお寺でございます。

心越禅師は、達磨さんの絵の名手でして、色んな絵が残っております。その中の一つがパンフレットの中にもあります一筆書きの達磨さんのお札です。

上毛國碓氷郡華高村少林山
達磨寺靈像之唱號
增威大乗活然大師

心越禅師の一筆書きの達磨

禍転じて福となす　気候と生業に適った達磨づくり

そして九代目住職の頃にちょうど浅間の噴火がありました。その当時の和尚さん、東嶽（とうがく）和尚も、やはり水戸から赴任していました。

実は達磨さんは、東嶽和尚様のオリジナル作品ではありません。三百年前には既に江戸達磨というのがあったようです。記録に残っています。高崎の達磨と全く同じではありませんが、江戸達磨が江戸の町で流行っていたようです。北関東道はありませんから、水戸から江戸を経由して来る間、度々見かけたのかも知れません。作っている様子も見て習い覚えたのかと推測されます。

そんな折に浅間山の噴火があって地元の農家の人たちが苦しんでいる。高崎辺りでも膝くらいの降灰があった。一尺の降灰、これは大変なものだと思います。三原山の噴火でもそれほどは積もらなかったそうです。この辺りは米麦、そしてお蚕が中心です。特にお蚕などは桑の葉に灰が少しでも付いていると絶対に食べないそうです。そんな状態でお蚕だけでなく全ての作物が出来なくなってしまう。農家の人たちは困窮の極みに至ったかと思います。

水戸から赴任してきた東嶽和尚、地元の方々が苦しんでいる様子を目の当たりにしてどうにかしなきゃと江戸で習い覚えた張り子の達磨を思いついた。産業を興すというところまでは考えていなかったかもしれませんが、農業だけでは何か災害があった時に対処できない、何か別にあったらいいのでは、副業が必要だとの発想から達磨つくりが起こっていったのかと思います。

「禍（わざわい）を転じて福となす」という言葉があるように、この達磨さんは災いの中から生まれ、そしてこの地域の気候・風土に合っていた訳です。冬場の乾燥した農閑期にうってつけの作業として何度も紙を張り乾かし、また紙を貼っては何度も補修をしてなめらかな生地に仕上げて、何度も何度も色を塗るのです。乾燥した気候が達磨つくりにも合っていました。また養蚕の中の言葉なのですが、繭が出来る前にお蚕は四回脱皮します。脱皮することを「起きる」という。「七転

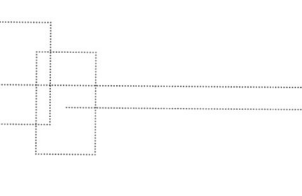

び八起き」の達磨さんは必ず起きる。達磨さんは「起きがいい」と養蚕の神としてまつられるようになったのでしょう。群馬が養蚕県だからこそ達磨さんは広まっていったのではないでしょうか。

福入り―自身の中の知恵を発揮し創造すること

浅間噴火の復興に直接結びつくのではないでしょうが、松島先生の鎌原村の再興の苦心は非常に考えさせられるものがありました。鎌原村ほどではないにしても、そこかしこ日本中がいろいろな被害を受けて、飢饉は全体に及んでいるのですから、どこも大変だったと思います。ちょうど今の震災の後に景気が低迷している状態と同じかも知れません。そんな中で知恵が発揮されていった。その象徴として達磨さんが生まれたということ。まさに禍を転じて福となす。そういうことで、達磨さんのおなかには「福入り」と書かれるので福が入っている。既に福はこの達磨さんの中にある。言うなれば、我々の中に新たな出発のもとはある、他に期待し頼るのではなく、我々自身の知恵を発揮し新たなものを作り出していく。そういう所まで達磨さんは表しているのかなと思います。

熊倉　少林山、知っているつもりで知らない話が沢山ありました。

縁起だるまも、救済者である僧侶が地域の方々に知恵を与え、地域の方々がそれを産業にして、お蚕様をそれでもう一度蘇らせていった。その知恵の結晶で、いわば復興のシンボルだった事を知りましたが、復興・救済、減災を作るに当たっては言葉の力も大変大きいということも分かって参りました。東日本大震災に即して活動していらっしゃる竹田さんにお話を繋いでいただきたいと思います。

災害時のコミュニケーション

竹田　竹田晃子と申します。よろしくお願いいたします。私は実は東北の方言の文法の研究が専門で、復興や災害時の専門家ではございません。では、なぜここにいるかと言うと、三月十一日の大震災が起こった日、私は東京におりまして家で仕事をしながらテレビを見ていたのです。そうしたら学生時代に皆でよく遊びにいった海岸とか、そういった所が次々に波にのまれていく映像を見て、これは大変なことが起きたと思いました。また、方言調査で私たちは沿岸部の人たちに方言を教えていただいたりしていました。今回の震災で実際に亡くなった方も多くいらっしゃいました。こういった時に我々の学問が何か役に立つことがないだろうかと、取り組んでいることをお話ししたいと思います。

竹田　晃子

　お話しすることは、三つあります。一つは医療現場で方言を理解出来ないという問題です。震災が起こった直後に様々な医療関係者が東北に入ったのですが、方言が分からなくて患者が何を訴えているのか全く分からないということが取り沙汰されておりました。あまり報道はされていませんでしたが、現場の方々は本当に苦しんでいらっしゃいました。

　二つ目は、これは私の専門ではないのですが、群馬というこの土地柄を考えると外国の方が沢山住んでいらっしゃいます。そういった方々が震災の時にどうやって情報を得るべきかについて、研究者が取り組んでいることがあるので、ご紹介します。

三つ目は、方言と今日のテーマである「語り継ぎ」です。伝承について関わっている方言の「てんでんこ」「津波てんでんこ」ということをお聞きになったことかあると思います。それらについてのお話です。

医療現場での方言理解の難しさ

まずは医療現場における方言理解についてです。実は、この問題、現場で方言が分からないということは、東日本大震災の前から随分取り沙汰されていたことでした。共通語化が随分進んでいるから、もう問題ないと言われていましたが、この度の震災で、本当は問題があるのに認識されずに放置されてきたことが分かってきたので、それを改めて考え直していきたいと思います。

では、どのような場面で方言が分からないことが取り沙汰されてきたかと言うと、まずはお医者さんが教えて下さったことです。岩手県大船渡市で患者と一対一になった関東からの看護師さんが全く何を言っているのか分からなくて何も出来ない、目の前で困っている人がいるけれど医療の資格も持っているのに何も出来なかったと、後で病院に帰って訴えていたということがありました。また、防災ヘリが宮城の沿岸で「おちる」という無線が入ってきて、びっくりしてヘリコプターを探しましたが、落ちてはいない。実は「おちる」というのは宮城県の方では「降りる」という方言で、勘違いしていたということでした。

事例を挙げればきりがなく、全てには対応出来ないとしても、どれかには対応したいと、医療現場に焦点を絞ることにしました。集めてみたら、何も東北だけの問題ではないということが分かりました。大学の授業でこのことを話したところ、千葉出身の学生が「高い所のものを取ろうとして、おったんです」とお医者さんに告げたら、骨折と誤解されて撮らなくてもいいレントゲン写真を撮られたりで、時間がかかって大変な目に遭ったと言っていました。これは「高い所から落ちた」という意味ですね。

これも医療現場の方が抱えていらっしゃる問題で、看護師の方言が分からない。地元採用の看護師さんが多いのですが、医師はたいていの場合ほかの県から来ている人が多い。その場合、通訳が必要になる。医療現場のスタッフの間で、方言が分からない。何度も聞き返して、ジェスチャーをして、図を描いてもらって、ようやく理解していると言っていました。

最後は私の体験ですが、方言調査に行った先でちょっと病気になり、病院に行ったところ、お医者さんの方言が全く分からない。方言調査に行ったので分かっていたつもりでしたが、どうもお医者さんはいつもの言葉を相当な早口で話しているようで、聞き取れなかった。会計の係に「私はこれからどうすればいいのでしょうか」と聞いてようやく分かったということがありました。医療現場ではこういった様々なことがあります。

このことには、早くから気が付いて取り組んでいる方々がいらっしゃいます。医療従事者の方々による、方言入門や方言語彙の辞典、新潟・富山・大分・沖縄・広島・鹿児島など、様々な所で出されております。医療従事者の手によるもの、方言研究者が単体で作っているもの、医療従事者と方言研究者が共同で作っているものもあります。

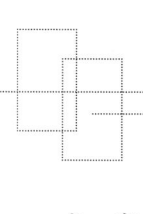

具体的には、岩城裕之さんという呉高専、現在は高知大学の先生がお作りになっている鹿児島方言の手引きの例があります。これは順番に応答、挨拶、不快感、程度、感情、動作のことば…

と並んでいます。これは全て富山大学の医学部看護学科でアンケート調査をした結果、あるいは聞き取り調査をした結果、必要なことを順番に、重要度の高いものの順番に並べています。A2版の紙に印刷して順番に折りたたむと丁度看護手帳に収まるサイズになるそうです。そういったものがあると分かったので、では私は何をすべきかと考え、次のものを作ることにしました。

なぜ『東北方言オノマトペ用例集』を作ったか

『東北方言オノマトペ用例集』です。

なぜオノマトペか。オノマトペは、いわゆる擬音語・擬態語です。おなかが痛い時にしくしく痛いとか、ちくちくするか、そういった痛みを繰り返し言葉で表すことがあると思います。「ひりひりする」「ずきずき」「どきどき」など、おおまかにいうと、そんな言葉がオノマトペです。

実は東北方言はオノマトペが非常に多い地域だと分かっていて、日本人は痛みや違和感をオノマトペで表すことが多いのです。他の方言でも同じことが指摘されていました。一方で、医療現場向けのオノマトペ資料集や用例集は、実は今まで一切なかったことが分かりました。最初から完璧なものを作るのはなかなか大変だと思い、段階的にリリースを経て、試作版を作り、最終版を作るということをやってみました。

試作版をお配りした県に伺ったところ様々な意見をいただきました。

まとめますと「簡易版が欲しい」「字が多すぎて大変だ」「体調を表す語彙だけにして欲しい」「身体語彙、背中とか指などを表す方言を載せて欲しい」「他の方言も知りたい」「東北だけではだめだ、鹿児島出身の人も住んでいる」「音声で聞き取れないか」「お医者さんに共通語で説明をしたいから、共通語で言うとどうなるかというマニュアルのようなものが欲しい」「その方言を思い出すことで懐かしく心の支えにしたい」などの意見です。この全てに対応するのも難しいと思い、最終版ではまず体調と気分を表すものに特化しました。

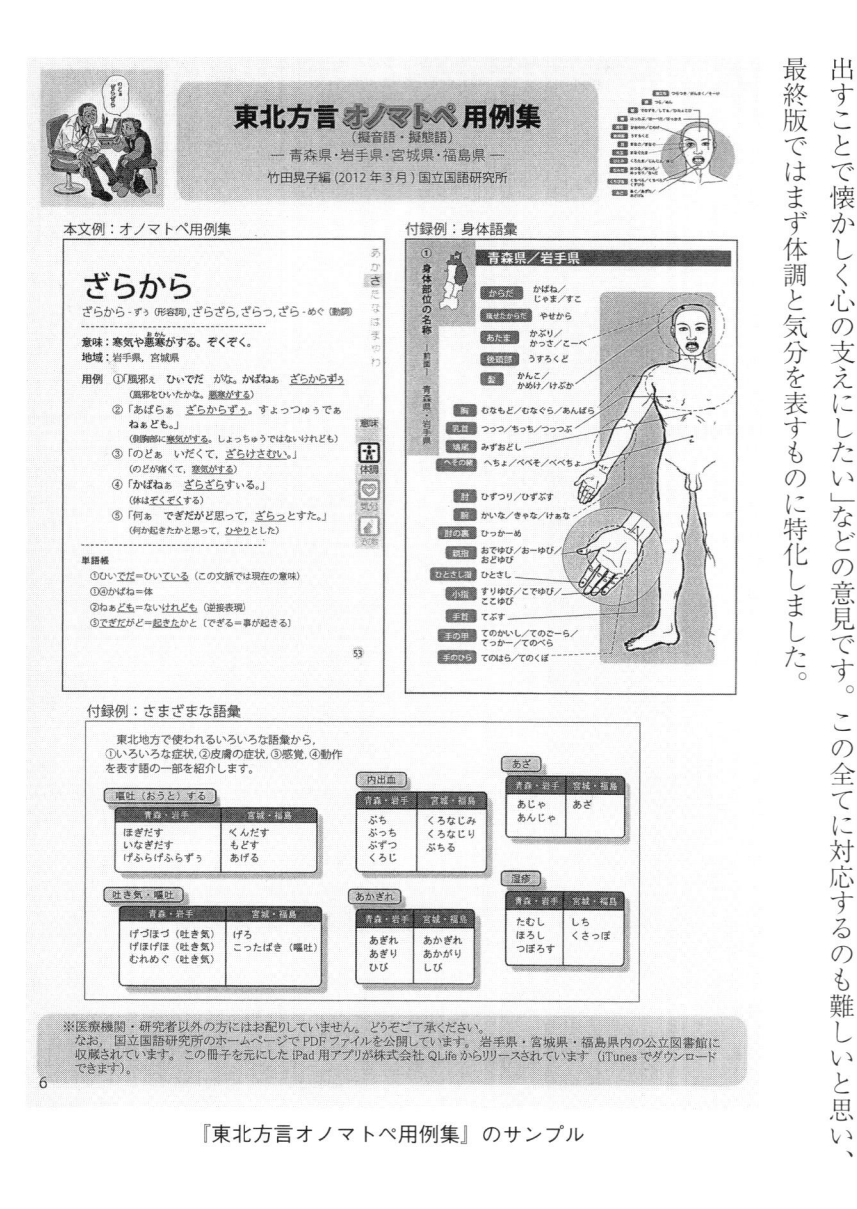

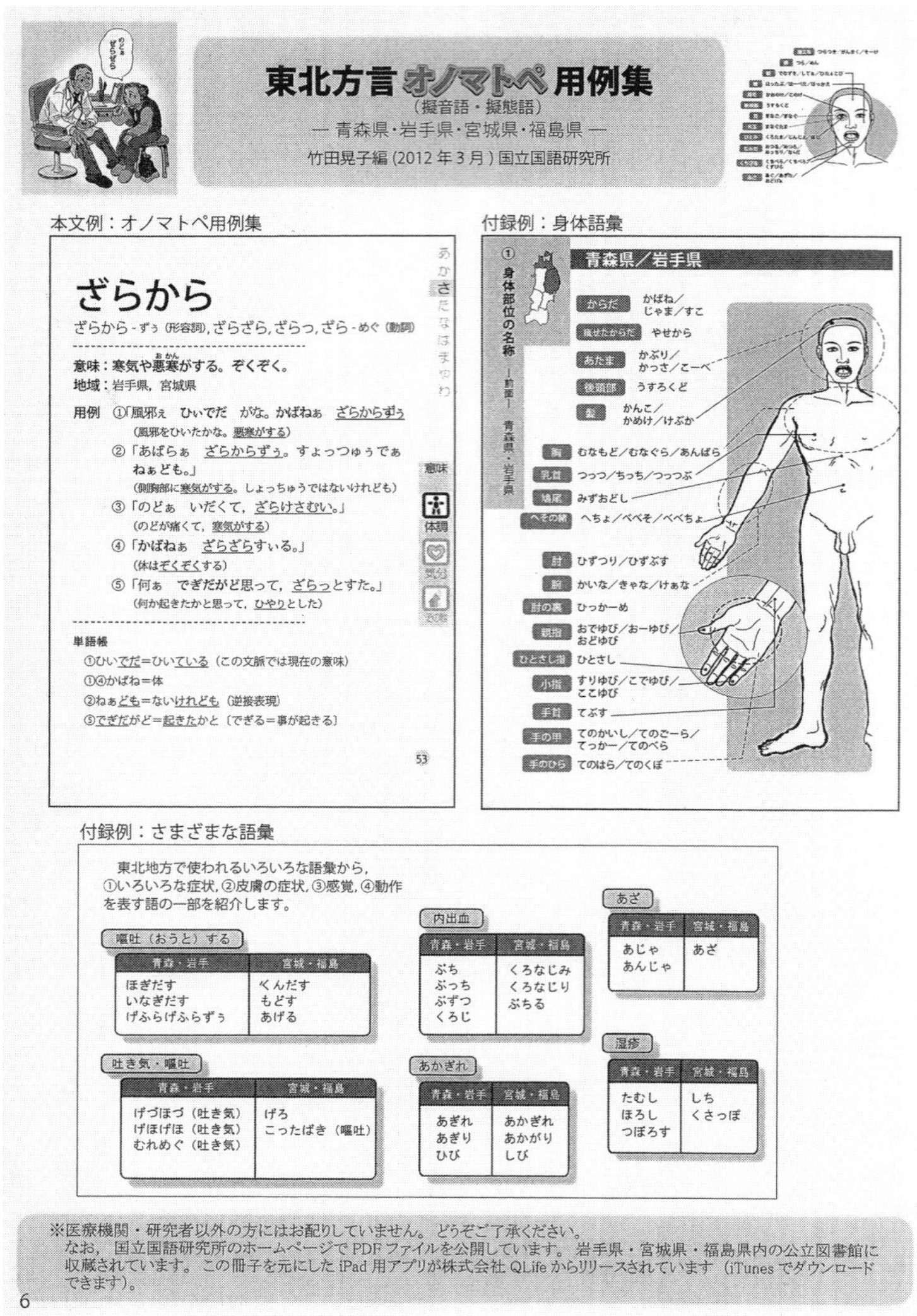

東北方言オノマトペ用例集
（擬音語・擬態語）
― 青森県・岩手県・宮城県・福島県 ―
竹田晃子編 (2012 年 3 月) 国立国語研究所

本文例：オノマトペ用例集

ざらから
ざらから - ずぅ (形容詞), ざらざら, ざらっ, ざら - めぐ (動詞)

意味：寒気や悪寒（おかん）がする。ぞくぞく。
地域：岩手県，宮城県

用例
①「風邪ぇ　ひぃでだ　がな。かばねぁ　ざらからずぅ
（風邪をひいたかな。悪寒がする）
②「あばらぁ　ざらからずぅ。すょっつゅぅでぁ　ねぁども。」
（側胸部に寒気がする。しょっちゅうではないけれども）
③「のどぁ　いだくて，ざらけさむい。」
（のどが痛くて，寒気がする）
④「かばねぁ　ざらざらすぃる。」
（体はぞくぞくする）
⑤「何ぁ　でぎだがど思って，ざらっとすた。」
（何か起きたかと思って，ひやりとした）

単語帳
①ひいでだ＝ひいている（この文脈では現在の意味）
①④かばね＝体
②ねぁども＝ないけれども（逆接表現）
⑤でぎだがど＝起きたかと〔でぎる＝事が起きる〕

53

付録例：身体語彙

① 身体部位の名称 ―前面― 青森県・岩手県

青森県／岩手県

からだ　かばね／じゃま／すこ
痩せたからだ　やせから
あたま　かぶり／かっさ／こーべ
後頭部　うすろくど
髪　かんこ／かめけ／けぶか
胸　むなもど／むなぐら／あんばら
乳首　つっつ／ちっち／つっつぶ
鳩尾　みずおどし
へその緒　へちょ／べべそ／べべちょ
肘　ひずつり／ひずぶす
腕　かいな／きゃな／けぁな
肘の裏　ひっかーめ
親指　おでゆび／おーゆび／おどゆび
ひとさし指　ひとさし
小指　すりゆび／こでゆび／ここゆび
手首　てぶす
手の甲　てのかいし／てのごーら／てっかー／てのべら
手のひら　てのはら／てのくぼ

付録例：さまざまな語彙

東北地方で使われるいろいろな語彙から，①いろいろな症状，②皮膚の症状，③感覚，④動作を表す語の一部を紹介します。

嘔吐（おうと）する

青森・岩手	宮城・福島
ほぎだす いなぎだす げふらげふらずぅ	ぐんだす もどす あげる

吐き気・嘔吐

青森・岩手	宮城・福島
げづほづ（吐き気） げほげほ（吐き気） むれめぐ（吐き気）	げろ こったばき（嘔吐）

内出血

青森・岩手	宮城・福島
ぶち ぶっち ぶずつ くろじ	くろなじみ くろなじり ぶちる

あかぎれ

青森・岩手	宮城・福島
あぎれ あぎり ひび	あかぎれ あかがり しび

あざ

青森・岩手	宮城・福島
あじゃ あんじゃ	あざ

湿疹

青森・岩手	宮城・福島
たむし ほろし つぼろす	しち くさっぽ

※医療機関・研究者以外の方にはお配りしていません。どうぞご了承ください。
なお，国立国語研究所のホームページで PDF ファイルを公開しています。岩手県・宮城県・福島県内の公立図書館に収蔵されています。この冊子を元にした iPad 用アプリが株式会社 QLife からリリースされています（iTunes でダウンロードできます）。

6

『東北方言オノマトペ用例集』のサンプル

最初の頃は方言学的に興味深い、言語学的に面白い語も載せていましたが、そういうものは思い切って削除することにしました。逆にオノマトペ以外にも症状や感覚を表す語彙があるので、ページの下の方に付け足すことにしました。それから索引だけでも概略が把握出来るものを作りました。大きさも工夫してポケットに入るように小さくしました。最後に人体図のようなものを付けて、身体語彙を説明するものを付けました。これで、三つのコメントに対応したことになると。これをお配りしたところ、様々なコメントをいただきました。やはり皆さま困っていらしたようで、全体的に好意的なコメントをいただいて大変ありがたかったです。

ところがいくつか反省があります。まずは配付のタイミングが遅かった。最も必要だった時期を逃してしまっています。医療支援は二〇一一年度内に終了していて、この資料の配付は本当にその最後のほうに送った結果となりました。それから、冊子にしてしまったので、全部で二百ページあり、やや分量が多くて必要なものを探すのが大変だったようです。それから、実はこれは調査をしながら作ったものではなく、文献の中から方言をより分けて作ったものでした。そのため現状に沿わない部分もあるということ。また、現場の人たちの意見を全部はくみ取れなかったことなどが反省点です。

理想的な手引きとは何か―作り方の公開の重要性

取り組みを通して分かったことは、理想的な手引きはどういうものかということです。まずは、情報がたくさんあればいい訳ではないとよく分かりました。適度に少量であること、専門分野を限定してすぐ使える状態にすること、持ち運びが楽であること、簡単に手に入ること、閲覧に電力がいらないこと、存在があらかじめ関係者に周知済みで事が起きた時に「あれを持って行こう」と思い出して貰えるもの、何か悪い所があれば改善を要求出来ること、作り方が公開されていること。そういったことが必要であるようです。

特に作り方が公開されていることは重要です。研究者は方言のことは分かるけど、現場のことは分からない、逆に現場のお医者さんや看護師さんは方言が分かりません。そこを繋ぐ、何かが必要だろうと考えます。あとは、こういった手法は一般化、普及していくといいなと考えていて、仕組みづくりを考えているところです。これが私の取り組みの一番大きいお話です。

「やさしい日本語」の必要性

次に外国語母語者のための日本語ということで「やさしい日本語」というものが提唱されております。ご存知の方もいらっしゃるかと思いますが、これは災害時に外国人被災者に確実に災害情報を伝えるために考案された日本語です。「外国語の方がいいのでは」と思う方がいると思うのですが、実はそうでもないのです。例えば英語、日本に住んでいる外国人の方の七割は英語が分かりません。かつ、災害が起きてすぐに何種類もの言語にパッと翻訳するのは無理です。七十二時間以内に伝達できないと、助けられないことが、阪神・淡路大震災の経験から分かっています。また、これは実験結果ですが「やさしい日本語」を使った場合と、普通の日本語を使った場合の成功率があり、日本に住んでいる外国人の九五％が分かるのなら日本語でもいいのではないかというデータがあります。

「やさしい日本語」には、重要度の高い情報に絞る、曖昧な情報は避ける、難解な語彙は言い換える、複雑で分かりにくい表現は文の構造を簡単にするなどのルールがあり、これに従って翻訳していきます。

例えば「今朝」という言葉を我々は普通に使いますが、この言葉は、普通外国人には分かりません。「今日＋朝」と分解して説明しないと分からない。「危険」という言葉も分からないので。「危ない」と「気をつける」と言い換える。我々は外国人を相手にすると、カタカナにしたら分かるのではと思うのですが、「デマ」と言っても分からないので、「嘘(うそ)の話」などに言い換える必要があります。この取り組みをＮＨＫが実験的にやっていますが問題がいくつかあります。速報性に欠ける点、全国版と首都圏版だけで、地方のニュースは扱わない点などです。

「津波てんでんこ」―メディアが作った伝承語だが…

最後に方言と伝承について、申し上げたいと思います。

「津波てんでんこ」という言葉が最近いろいろな言葉で言われるようになりましたが、津波の伝承がどのようなものがあったかについて三陸地方でフィールドワークをしていて、そのことについていくつかご報告をします。

確かに津波が来たという伝承はあったのですが、どこまで来たかのマークや記録の類、財産や土地に関する内容が多いのです。「これより下に家を建てるな」というタイプの碑文がさまざまな所に建っています。ただ、碑文やこういった文書には、避難を呼びかけるものや避難経路を示すものはありません。また、そもそも碑文や文書は、古文・漢文・旧仮名遣いで書かれていて、一般の方はほとんど読めない、また、読まないという声が、地元の人たちから最近あがってきています。「役立った碑文や文書はなかった」と言っている方が少なくありません。

それで、啓発キャッチコピーとしての「てんでんこ」がどのように出来上がっていったかということですが、元々「てんでんこ」は、北海道と東北六県で使われる方言で「おのおの、それぞれ、個別で」の意味で使われていたオノマトペでした。「命てんでんこ」という言葉はありましたが、それは、人の命の寿命はそれぞれ違うという意味で使われていました。文部科学省が昨年の今頃に防災教育に「津波てんでんこ」を取り入れるという発表をしましたが、実は「津波てんでんこ」という言葉は、平成二年に新聞が作った言葉だったと分かってきました。

津波についての防災教育で有名な山下文男さんが津波の体験談の中で言った言葉を、ほかの方が繋ぎ合わせて作ったのです。山下さんによると、昭和八年の昭和三陸地震津波の時に、一人で山に逃げてしまったお父さんをお母さんが恨んでいて、ことあるごとに「お前は一人で逃げた」とお父さんのことをなじっていた。それに耐えかねたお父さんがとうとう「津波の時はてんでんこだ」と怒鳴ったというエピソードをあるシンポジウムで披露なさった。これを聞いた津波研究者が「津波の避難はてんでんこ、津波てんでんこですね」と繋ぎ合わせて、出来上がった言葉だった。それを新聞がさまざまな場面で書き立てて、伝承・言い伝えであると書いてしまった。それで山下さん自身も困惑していて、さまざまな所で「あれは私が作った言葉でもないし伝承でもない」と何度も書いていらっしゃいます。

ですが、今、地元の方々にお話を聞くと「津波てんでんこ」は非常にいい考え方だと言っておられます。

消防団や警察の活動制限案というものを地元の方が提案しています。どうやら公務員で亡くなった方が非常に多かった。しかも、消防団で人を助けている間に亡くなった方が多かった。そういった二十～五十代が大量に亡くなっていて、地域に残っているのは老人と子供ばかり。働き盛りの命が失われるということは、結局は津波の後片付けや復興を進める時に働ける人がいなくなってしまうということです。そうなる前に、救助活動を中断させて避難させるような指揮命令系統を作る必要があると方言話者の方々が話されておられます。例えば、大地震から十分たったら活動停止のアナウンスをして消防や警察を避難させるようなことがあっていいのでは、ということです。

いろいろな所でインタビューをしていると、多くの方から聞く言葉が後悔です。誰かを助けに行かせないで逃げろと言えば良かった。親に子供を迎えに行かせなければよかった。職場を見に行くのを辞めさせればよかった。消防団に入れなければよかった。上司に職務を放棄して今すぐ逃げろと言って欲しかったなどと言われる方がおられます。

一人の話者が私に「次に津波が来た時にあなたは鬼になれますか？　親兄弟を置いて逃げられますか？　この現実を見て下さい。本気で減災するとなればそれをしなければならないのです」とおっしゃいました。一人で逃げることが結局はその命を救うことになり、減災につながるという、ある種皮肉な現実が我々に突きつけられていると思います。

最後に申し上げました方言と伝承に関しましては、ほかの先生もおっしゃっていますように、災害の記憶や記録を減災に利用する仕組み作りが今の我々にとっての課題だと思っているところです。

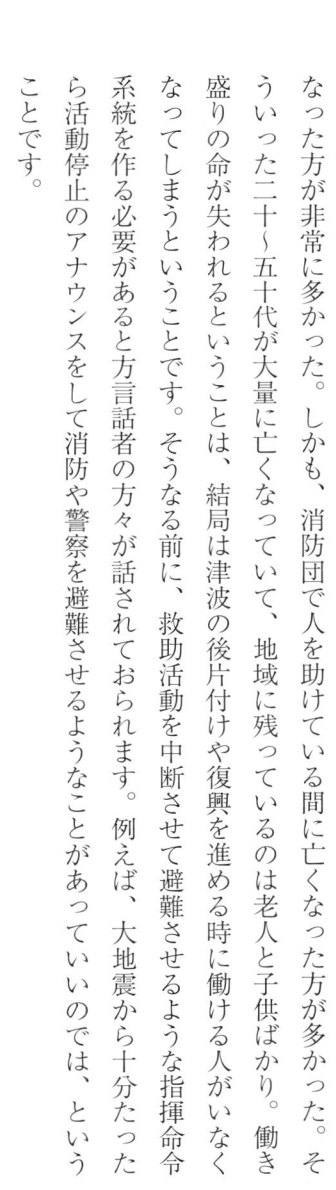

熊倉　最後に竹田さんがまとめて下さったように、このシンポジウムで、災害の記録・記憶を減

災に活用する仕組み作りを考え出す一歩ができればと思っています。それでは、それぞれの発言を聞いての第二ラウンドを松島さんからお願いします。

語り継ぎは正確に、常に検証する意識を

松島　語り継ぐ言葉あるいは語り継ぐ話というものが防災・減災を進める上で非常に大切であることが皆さんのお話でよく分かりました。ただ、私が気が付いたことを申し上げると、語り継ぎ、語り継ぐ内容に正確なものがない場合がある。例えば、鎌原村を一瞬にして押し潰したその原因は熱泥流、熱くてどろどろした流れによって鎌原村は埋没したと長い間言われていました。しかし、実際に発掘すると、出てくる建物の材料あるいは生活用品、人なども焼けても焦げてもいない。したがって、語り継がれた熱泥流というものは事実と違う。これは問題だと思いました。そこで、いろいろと検討した結果、熱泥流ではなくて土石なだれだと、熱のない乾燥した物体だったと分かりました。

語り継ぐ内容の中には、時に正確でないものもある。語り継ぎを活用する場合は、その点に注意しなければならないと思います。

熊倉　関さんは、いかがでしょうか。

関　私が考えていることは、記憶を語り継ぐ仕組み作りよりも、世論を作ることかなと、改めて思っています。そこで、皆さんが興味を持って下さる話題を大事にしていくことかとも思っています。

そんな中で、一つ紹介というか手前味噌ですが、機会があるごとに、簡単に「日本のポンペ

イ」という言葉でお話しさせていただいています。イタリアにポンペイ遺跡というものがあり、二〇〇二年にそこで調査に加わりました。その中で感じたことがあります。火砕流の痕などの調査をしました。その帰りの飛行機の中で、現地で買った地図を眺めながら、西暦七九年に噴火したヴェスヴィオ火山の大きさや形が、地図上では浅間山と似ていると感じました。帰ってから実際に二〇万分の一の地形図を比べたら、麓からの高さや大きさがほぼ同じで、形まで非常に似ていました。ヴェスヴィオ山は三〇〇〇メートル級の大きな山でしたが山体崩壊を起こして今の形になった。調査の中で二体の遺体が発見されました。これは本当に偶然ですが、嬬恋の資料館にこのレプリカが寄贈されました。「日本のポンペイ」という言葉を軽々しく使っては怒られるかもしれませんが、そうしたことも私の研究のヒントになっています。皆さんが興味を持って下さって、減災に向かう世論を作っていくことも私の役割ではないかなと思っています。

達磨と観音の不思議な縁

廣瀬　鎌原観音堂にたどり着けた方は生き残れたという話がありましたが、じつは、少林山達磨寺は観音堂と呼ばれていたのです。

達磨さんと観音様、全く別のものと思われる方もいらっしゃいますが、昔話の中に、達磨さんは観音様の生まれ変わりとの言い伝えがあります。達磨さんは実在の方です。インド生まれ、一五〇〇年も前の方です。実際にインドで修行されてお釈迦さんの教えを継がれた二十八代目の方で、インドから中国に行かれ、少林寺で坐禅をして中国に教えを広めた。この達磨さん、ボーディー・ダルマが元々の名前らしいのですが、生まれた時から非常に賢くて六歳の時には仏教経典を読破したという逸話が残っています。それで、観音様の生まれ変わりだと古い文献にもまことしやかに載っています。

そんなこんなで、観音堂と呼ばれた所に少林山達磨寺が出来て、七転び八起きの達磨さんが天明の噴火の後、作られるようになった。鎌原の観音堂に逃げ込めた九十何人だけ救われたという話を聞いていて、達磨さんと観音様の因縁を感じた次第です。減災のシステムなどとは直接関係はありませんが、その繋がりに感じ入った次第です。

熊倉　これも全く繋がらない話ですが、達磨大師が中国で修行なさっていた時に実は榛名山で二つの大噴火が起こっています。こんなことをきっかけにして事実に入っていくということが大切ですね。では、竹田さんお願いします。

言葉も復興のシンボル

竹田　達磨さんの話を聞いていて思うことがありました。復興のシンボルという問題です。浅間山については達磨さんがそうなのでしょうが、今、被災地ではさまざまな復興のシンボルが作られようとしています。自然発生的に生まれることが多いのですが、私が大槌町と釜石市で見かけたものでは、大漁旗が海に流され、また拾われて戻ってくることが随分あったようです。船自体は破損してしまっていることが多いのですが、大漁旗が何らかの復興シンボルになっていました。例えば、震災後に結婚する人の花嫁衣装に作り替えられていたり、津波のことを話し合う時にその場に敷いたり、法被（はっぴ）のような形に仕立て直して話す人が持ち回りで着たりというようなことが行われています。

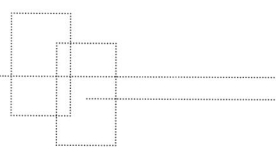

ある種のシンボルと見ているのでしょうが、そういったことにも方言が使われていて、例えば、皆さんが集まって話をする場所が方言で付けられているなど、コミュニティの中でのある種の役割を担っているようです。いま、達磨さんの話を伺っていて、復興の時にそういったシンボルがあると、そこに復興を進める力が集結するということが起こると思いました。

熊倉　関さんが地名ということも言われましたが、いま竹田さんが言われた集まる所での言葉とかシンボル、そこに正確な情報をどう伝えて続けていくかがとても大切だということですね。四人の方々、相互での質問がなかったので、会場の方からご意見や質問をいただきたいと思います。

音声での方言手引きがあると、さらに良い

会場A　文書で方言をまとめられた訳ですが、音声があると思うのです。同じ言葉を喋っていても、イントネーションが違うとなかなか分からないことがあります。そういうレコード版のような企画もあるのでしょうか。

竹田　東北地方と言っても方言が何種類もあり、それらを全て区別出来るような音声があればよろしいのですが、研究者向けにはそういったものが発行されていて、聞き取りや勉強が出来るようになっています。しかし、一般向けのものは用意されていません。音声が聞き取れないことが一番の問題であるとは思っているので、何らかの対応をしていきたいと思っています。ただ、個人の仕事だときついので、何人かの研究者でそれをやってみようと取り組んでいる所です。貴重なご意見・ご質問、ありがとうございました。

群馬は本当に安全なのか、なぜ安全と言われてきたのか

会場B　自分は五十九歳ですが、父親から群馬県はとても安全な所だと言われて育ってきました。安全なので、関東大震災の後に首都が群馬県に来る話もあったと言われて育ち、そうか群馬県は安全なのかと思ってきましたが、勉強しますと、火山もあるし洪水もあるし地震もある。安全だというのは、碑文などがあっても読めなくて段々と忘れられてしまうのか、意図的に忘れてしまうのか。その点何かお答えがあれば、お願いします。

熊倉　出来るだけ多くの方にお答えいただきたいと思います。問題は二つありますね。

一つは、群馬は災害が少ないとか安全とか言われているけれど、どうも、そうは簡単には言えないらしい。では、なぜそう言われるようになったのか。

二つ目は、先ほど竹田さんから石碑を結局誰も読まなかったらしいと指摘がありましたが、それは語り継ぎが出来ていなかったことでもあると思うのですが、石碑やいろいろな記録などがなぜ生かされてこなかったのだろうか。東北の問題ではなく、群馬でどうなんだろうということです。二つに分けてご意見をいただけたらと思います。松島さんから、よろしいでしょうか。

松島　群馬は災害のない非常に住みやすい所だというのは、私は明らかに間違いではと思います。明治のころ、首都をこちらの方に移そうという意図があって、そこから作られた話ではないでしょうか。群馬県は赤城・榛名・浅間といった火山に取り囲まれています。それらの山は活火山でいつ噴火するか分からない、そういう場所なのです。また、火山を引き金に起こる地震のことも考えると、私は群馬県は決して安全な地域ではないと思います。それでは、群馬はだめかというと、私は日本全体が群馬と同じ状態であると思います。どこかが特別にいいということはありません。

地震学者や地球物理学の先生方が、日本は地震列島だ、北海道と九州に二本の柱を立てて、それに線を引いてぶらさがっているのが日本列島だと言われていますが、日本はまさにこういう場所です。そういったことを十分に理解して、語り継いでいくことが日本人に課せられた運命ではないかと思います。

熊倉　碑文についてはどうでしょうか。

松島　碑文についても、関さんや竹田さんからお話がありましたが、碑文は各所にあるものの、地元でまともには読まれない。間違いかもしれませんし、比較論ですが、仕事の関係で長野県の人たちと交流していると、長野の人たちはどうも細かく読んでいる。他県の人に学んで、群馬の人たちも、そうしたものを大切にする気持ちを育てていかなければいけないと感じています。

熊倉　それでは、同じ二つの質問に対して関さん、どうぞ。

畏れること、語り継ぐこと、負の遺産を残すこと

関　群馬は災害が少ないと言われながらも、実はそうではないのでは、ということについては「畏(おそ)れる」という言葉を用意してきました。自然を敬うと言いましょうか。自然に対して人間の小ささ、人間を越えた自然の大きさを捉えて、その長いスパンでもって災害に取り組んでいくことが大切だと感じます。災害は防ぎきれません。

阪神・淡路大震災が起きてから、災害は防ぎきれないから、防災ではなく減災の言葉を使っていこうと世の中は変わってきていますが、そういった防ぎきれないものと共存していく、災害を受け止めてみんなで知恵を出し合うことが大切なのではないか。先ほど世論という言葉を使って

しまいましたが、そういう気持ちを持つことが今の群馬であまり表に出てきていないのかもしれません。地球の営みのスパンの長さの中で、人間の人生ということを、群馬の中で強く認識していくことが大切だと思います。

それともう一つ。答えになるか分からないのですが、実は私も竹田さんと共通するところがあり、歴史災害を扱う中で今回の東日本は見ておくべきものだと強く思います。見ておくべきと言うと、震災で苦労されている皆さんに失礼な言葉になるかもしれませんが、どうしても考えておきたいということで、なるべく時間を見つけては足繁く通わせていただいています。その中で同じことを感じています。竹田さんのお話を伺って同感だと思っているんですが、碑文・看板といったものが、津波が来るかもしれないという意識づくりに対して役に立っていなかったという事を私も随分耳にしています。碑文やモニュメントはあるんですけれど、これがどれだけ力を示していたかという役割や機能、語り継ぎの力として、どんな考え方や発展性があるだろうかというかと感じています。

私事で恐縮ですが、現職のままですが、今は博物館学で大学院に通っています。その中で「語り継ぐ」とは何だろう、と考えているのですが、碑文や、残された負の遺産が伝える力は、やはりあるのではないでしょうか。

岩手県大槌町の民宿に乗り上げた遊覧船を残すか残さないかという議論がありました。結局は撤去しましたが、その後、地元の方々の手によって、このままではこの大槌の浜に震災の記憶を留めるものがなくなってしまう、船はなくなっていますが、思い起こすものを復元しようという運動が展開されている例もあります。

宮古の大きな堤防が築かれた場所では、そこのホテルの社長さんが、ホテルの六階から撮ったビデオをここでしか見せないとこだわりを持っておられて、報道陣にも撮影された六階でしか見せない、そんな実践をされています。ホテル自体はほかの場所で経営をし直すらしいのですが、ホテルの建物は資料館の類いとしてどうしても残していきたい、明治や昭和の津波の経験を聞いてきた自分としてはこういったことが出来るだろうと言うのです。語り継ぎの芽生えと言いましょうか、そういったものが随分と出てきています。

出来事を語り継ごうという動きがあることも考えていくべき大切なテーマだと思い、多くの写真を撮り続けています。

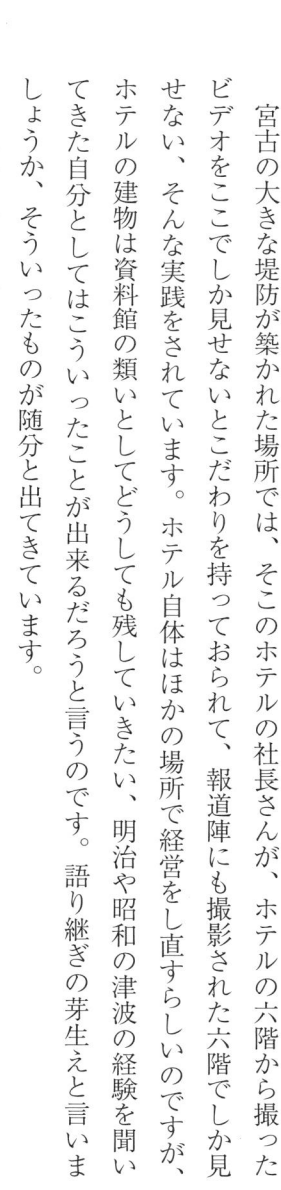

廣瀬　部外者のような者ですが、少林山の辺りは変わった災害地でして、地滑り地帯のど真ん中にお寺がございます。昭和三十五年からお寺が七～八メートル沈下しました。幸い水平に沈下したので、お寺は全く影響を受けなかったのですが、お寺の周りとは七～八メートルの段差が出来てしまい、十数軒の家が避難したような災害地でございます。

いつ何が起こるか分からない、仏教では諸行無常と言っておりますが、一寸先は何があるか分からない。我々が安穏に過ごしている下がどうなっているかと言えば、マグマが渦を巻いて地球の中で動き回っている訳です。その上に我々が生きている。確固たる大地と思ってはいけない。そういう上に我々が生活していることをしっかり考えておくべきだと思います。

それでなくても、災害、火事、事故といろいろございます。それぞれにある程度危機感を持っていないと防ぎ得ないことは沢山あるでしょう。自然災害は起こってしまいます。何が起こるか分からないけれど、起こったら対応できるよう、語り継いでいく、少しデフォルメされても構わないけれど、大げさにも家の中で話す、そういうことが非常に重要だと思います。主観で感じたことを語り継いでいけばいいですし、それが大げさでも自分で思ったことだったなら堂々と言って構わないのではないでしょうか。それによって救われる人もいるかもしれません。

語り継ぐもの、文書で残すもの、何でも残さないと、全て残らなくなってしまいます。文書や、データで残しても、なくなってしまうかもしれません。石に彫ったとしても埋もれてしまえば分からなくなってしまう。でも、掘り出せば見つかる可能性もあります。何かに残すことが一番必要だと思います。語り継ぐことで他の人の心に残すことが出来る。語り継ぎは非常に大切なものだと思います。

竹田　語り継ぎも大切ですが、私は資料を残すことも大事だと最近感じています。

資料というと、みなさんは何か内容をまとめたものと感じるかもしれませんが、例えば、今、阪神・淡路大震災を経験した神戸の大学の先生や小学校の先生方は、当時避難所になった自分の学校で連絡用に使っていたメモ・ノート・張り紙などありとあらゆるものを残そうとしています。捨てられそうになっているのですが、それを廃校になった小学校にわざわざ引き取りに行ったりしています。

張り紙や紙切れに一体何の用があるんだと、お思いになるかもしれませんが、避難所でこういうトラブルがあったか、それをどのように解決して、どうやって次の人に申し送りをし、どのように役に立ったか、資料からはそういった物語が読めるのです。そういった生々しい資料を繋ぎ合わせていくことにより、そこに一体どんな人たちがいて、どんなふうに暮らしていて、どういうことに困っていたのか、それが紙切れが何枚も積み重なって分かることがあります。パッと見はゴミにしか見えないものでも、出来る限り残して、何らかの形で集積させていく作業が、おそらく今後、必要になってくると思います。東日本大震災でも同様のことをするべきではと考えています。

会場C　二点、伺いたいのですが、一つは、天明三年の浅間焼けについて。発掘調査などが進んでいますが、この噴火についてまだ分かっていないこと、知りたいこと、ここまでは調べたけれどさらに先を知りたいということがあったら教えていただきたい。

二つ目は、千年に一度ということで、当分先かもしれませんが、またどこかが噴火した時に、我々群馬県人はどのように避難したらいいのか。発掘を元にして検討されていることがあったら教えていただきたいと思います。

熊倉　これは松島先生にお答えいただくのがよろしいでしょうか。

松島　浅間遺跡の発掘調査に携わった人間として、分かっていないということばかりだと思います。もうこれで分かりきったということはないでしょう。したがって、今日のお話を聞いていただいたから、これで天明三年の浅間焼けについては大体分かりましたということにはならない。学問・研究というものは日に日に進歩していくものです。そういった学問的な中で考えてみれば浅間焼けのことは全部分かったということはありえないと思います。

例えば、浅間山が噴火により押出しとされる現象が発生し、それが吾妻川に入りさらに利根川に流れ込み大洪水を起こした。その洪水について、伊勢崎藩の関重嶷（せきしげたか）は、伊勢崎辺りの状況を『沙隆記（さりゅうき）』で、「水中に烈火有り、泥汁熱湯と為す」と書いている。ところで、肝心要の鎌原村では、押出しは既に熱くなかった。それが、どうして利根川では熱かったのか。大きな疑問です。これが私にとっては、語り継ぐ上で大きな問題として残っています。

熊倉　今後、どのように対応したらいいかということについてはどうですか。

松島　これも先程申し上げましたが、災害は避けては通れない。したがって、そういう災害に対して、どう対処し向かい合うかについては、様々な立場で研究している方々にしっかりやっていただき結果を流していただく、できるだけ広めていただくしかないと思います。

災害が起きた時に、災害に遭わない場所に避難するのが重要ですが、私の住む地域で例えば洪水や地震が起きた時はどうするかは、私たち一人一人がそれぞれに考えておくよりほかにないのではないでしょうか。行政に任せっきりはよくないと私は思います。自分たちでよく考えていきたいです。

熊倉　松島さんの講演の中で命の問題と家族の再建というお話がありました。私はその時フロアで聞いていて段々胸が熱くなってきましたが、今の方のご質問に対して私たちがどう答えていくかという時に、家族や地域の力というものが、大きな災害や事が起こった時に、それに対処する大きな力になると、改めて思いました。

鎌原村のみなさんが、命を生き継ぐためには、もう一回家族を作り直してでも、皆でここで暮らしていくという力があった。それが鎌原が再興されていった一番の基本にあったのだと思います。だからこそ、その後に身護団子の伝承、あるいはそれを支え合った人々が供養をし、慰霊をし、供養碑を建てて、伝承を残してきた。そして、松島さんが研究者としてこれは無理かなと思うほどの調査を引っ張る力が、そこにはあったと思います。

そうした中で、今、私たちが何を考えなければならないか。まずやはりあったことに対してできるだけ事実を学ぶことの大切さ、それをできるだけ伝えていくことの大切さだったと思いました。今日、四人の方が、研究者として、宗教者として、極めて真摯に、研究者・宗教者であることの功罪を含めてお話をされたことに改めて敬意と感謝を申し上げて、シンポジウムは閉じさせていただきたいと思います。

第24回
群馬学
連続シンポジウム

芝居の国ぐんま　―掘り起こそう　芝居の国の風土と気質―

平成二十五年六月二十三日（土）十三時～十六時
群馬県立女子大学講堂

記念講演

群馬の郷土歌舞伎と人形芝居

沼須人形芝居「あけぼの座」座長　金井　竹徳

郷土歌舞伎や人形芝居が非常に多い群馬県

みなさん、こんにちは。沼田に一六〇年くらい前から伝わっている、沼須（ぬます）人形芝居あけぼの座の座長を仰せつかっております金井と申します。

最初に、群馬県には伝統芸能と申しますか、歌舞伎や人形芝居が非常に多いということを申し上げたい。県の調査によれば、人形芝居などはかつて五十近くあった時代があります。歌舞伎については、農村舞台というものがありますが、これが群馬県の中に百近くあったのではないかと言われております。歌舞伎、人形芝居は江戸時代末期から特に盛んになりますが、そのくらいありました。

まず地芝居というか、歌舞伎についてお話し申し上げます。歌舞伎という名前が付くのは遅くて、それ以前は「傾く（かぶく）」と言いました。始まったのは室町末期あたりと言われています。出雲阿国（いづものおくに）という女性がいて、出雲大社の巫女さんですが、京あるいは江戸に出て、踊りをみんなに見せた。これが歌舞伎の発祥と言われています。女性が首からロザリオをかけたり、男装をして刀を差したりして踊る。江戸時代になると、念仏を唱えながら踊る。慶長八（一六〇三）年の『当代記』という書物を見ますと、「カブキノ座イクラモ有テ諸国へ下ル」とあるので、阿国の影響を受けた傾く人たちがあちこちに散っていったようです。

「傾く」からやがて「芝居」という言葉が使われるようになりますが、要は、見る場所が芝生の上ということで、地芝居とか村芝居などの言葉が生まれたようです。

阿国が始めた踊りは非常に独特で、当初は一つ一つの舞は繋がっていなかった。それに義太夫狂言が合体して、物語を演ずる形になって、江戸あるいは京・大阪で一つの芸術に達します。その一方で、地方に行った傾く人たちは、地方の一つの芸能を発展させてゆく。

金井　竹徳

しかし、そういった女性が傾く、あるいは若衆つまり少年が傾くのは風紀上よくないと禁止することになり、寛永六（一六二九）年には女歌舞伎が禁止され、承応元（一六五二）年になると若衆歌舞伎が禁止され、野郎歌舞伎の形になる。それが現在まで繋がり、歌舞伎は男性がやるということになりました。

買い芝居から自ら演ずる芝居へ

いよいよ群馬の方にまいります。群馬は江戸からそう離れていないので、いろいろな傾く人たちや人形が来るという時代がありました。

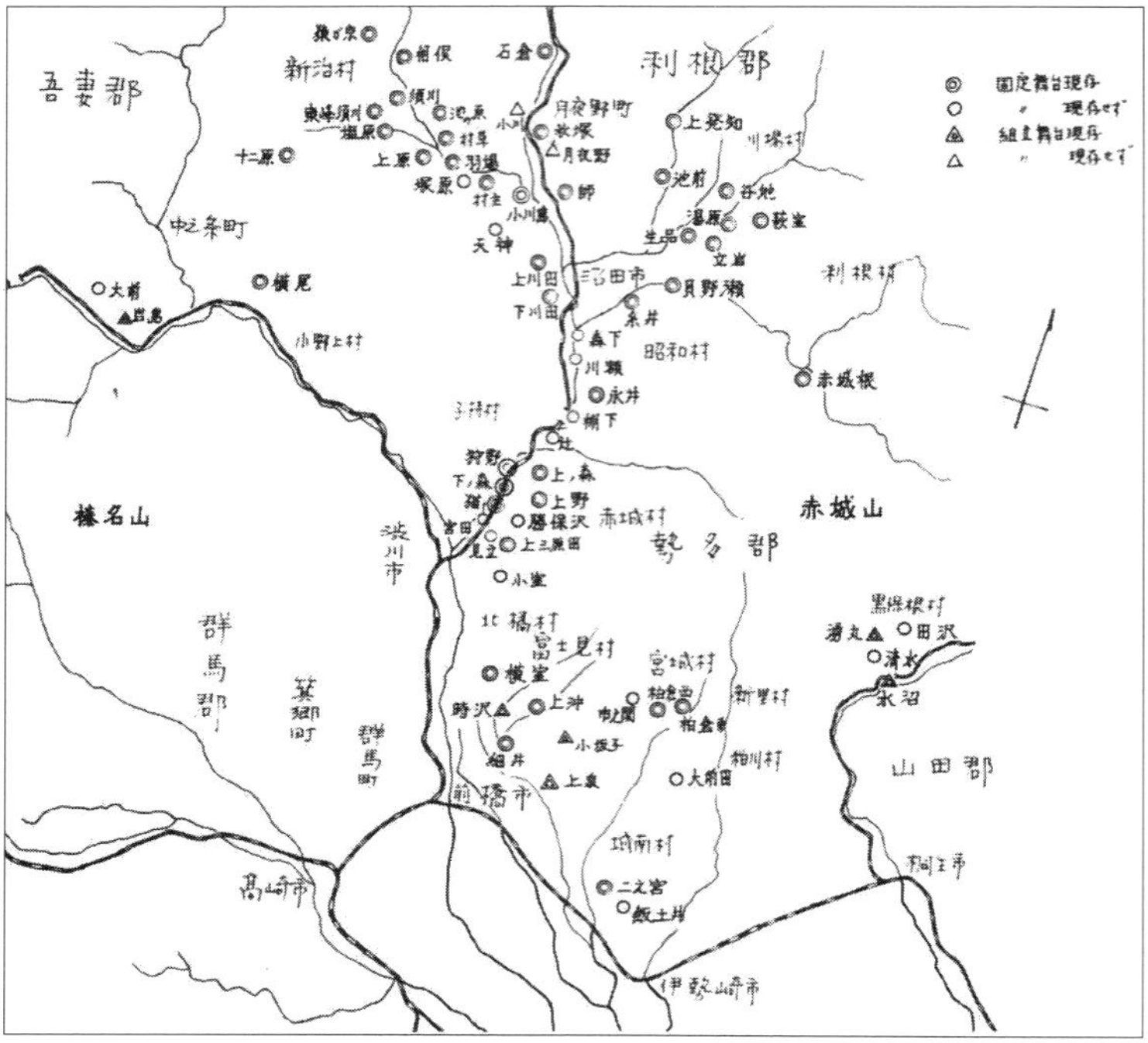

群馬県舞台分布図

古い記録では元和二（一六一六）年の『沼田記』というものがございます。沼田の初代城主真田信幸が、沼須という、私が人形芝居をやっている場所の新田開発をします。真田信幸はあちこちで新田開発をして石高を上げて城下町作りをします。沼須で新田開発をした時に歌舞伎や蜘蛛舞と呼ばれた綱渡りを江戸から呼んで、芝居を買って、領民に新しい田んぼが出来たお祝いとして見せたという記録があります。江戸幕府が出来てまだ間もない時です。

上州、群馬の歌舞伎の代表の一つに旧富士見村横室歌舞伎がありますが、その横室あたりでは、宝暦元（一七五一）年に、歌舞伎という言葉は使えないので「踊り」と言って歌舞伎を始めています。横室の田村さんという方がお持ちだった『歳代記』という本の中に「宝暦元年当時踊り此年より初る也」といった記述があります。こうなると、いよいよ歌舞伎は買うだけではなく、自分たちで習い、自分たちで演ずる時代が始まったようです。十八世紀後半になると、あちこちで農村歌舞伎や地芝居が行われるようになります。

非常に貴重な例として、明和七（一七七〇）年の正月に『神霊矢口渡（しんれいやぐちのわたし）』という演目が江戸で演じられた。それが、一年後の四月には横室で演じられた。一年で、江戸のプロがやっている歌舞伎を地元の人たちが真似て踊り演じたことが『歳代記』には書かれている。文化十三（一八一六）年には四月五日から八日までずっと上演がされていたとの記録も残っています。

赤城山周辺に多い農村歌舞伎舞台

昭和四十八年に農村歌舞伎について県の調査がありました。それを見ると、現存する農村歌舞伎舞台は七十二。廃絶やはやっていないものが二十八。ちょうど一〇〇の農村舞台があったと報告されています。特に顕著なのは赤城山周辺、勢多・前橋ですね。それから赤城山を越えて利根・沼田。現に、利根・沼田の方では今でも非常に多くの歌舞伎の舞台が残っています。

また、横室の歌舞伎衣裳は県文化財に指定されていますが、記録があり、寛政七（一七九五）年あたりから、江戸から徐々に衣裳を買い集めています。その中には、江戸歌舞伎の花形、七代目市川団十郎が着た金糸銀糸の入った綺羅（きら）、こんな貴重なものが今でも残っています。

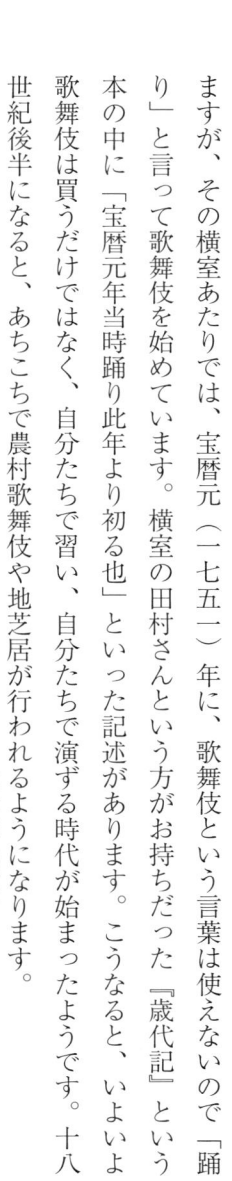

それからもう一つ、群馬県の中で非常に大事な歌舞伎舞台が上三原田（かみみはらだ）のものです。文政二

（一八一九）年に永井長治郎によって建てられ、廻り舞台としては日本最古と言われております。中村さんの方から詳しい説明がございますので省略しますが、舞台を広く見せる「ガンドウ返し機構」、奥行きを深く見せる「遠見機構」、廻り舞台の「柱立廻式廻転機構」、天井・奈落双方から二重の小舞台をせり上げ・せり下げる「セリヒキ機構」の四つが大きな特徴で、非常に貴重なものです。

上三原田の舞台を全て動かすとなると、屋根裏に二十五人、平舞台に十五人、奈落に三十五人、合計約八十人の人数がいないと十分機能しないようです。全国的にも非常に珍しい舞台の一つです。

農村歌舞伎の現状—子供による演目継承の風

農村歌舞伎の現状です。平出、赤城、渋川、半田、横室、利根沼田、みなかみの七座が連絡協議会を持って師匠、語り、衣裳の問題などを持ち寄りながら、何とか伝統芸能を続けていこうとしています。そのほかに助っ人塾というのがあって、その人たちの応援を得ながら伝統歌舞伎を守る活動が行われています。高齢化はしていますし公演には非常に費用がかかるという問題もありますが、特に平出、赤城、みなかみなどでは子供が中心になって演目を継承する流れもあります。良い風が吹いているかなと思います。

人形芝居の歴史と形式

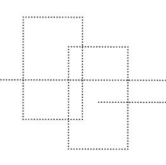

次に人形にまいります。平安末期に傀儡子という集団がおりました。門付と言いますが、あち

こちを回りながら金品をいただいて人形を使った芸をやる。これが人形の原点と言われています。伝えでは、道君坊百太夫という人が猟をしていて、ある人を救った。そうしたら、その人物は恵比寿様だった。それで今の西宮に本社を作った。兵庫県の「西宮えべっさん」の縁起譚ですが、その道君坊が亡くなった後、世の中が非常に荒れ、大風や大雨が来た。道君坊がいなくなったために、天災が起こるということで、道君坊の人形を作って、傀儡子がそれを道君坊人形と言いながら全国を行脚した。こんなことが人形の歴史にはあるようです。

人形は申し上げたように門付芸でしたが、源義経と恋に落ちた女性を取り上げた浄瑠璃姫物語というのがあります。非常に流行っていて、その物語を人形がやる人形浄瑠璃が室町時代に生まれます。江戸時代になると、竹本義太夫という人物が浄瑠璃語りをしますが、独特の語りで世に受けた。そこで義太夫節という節が出来る。その義太夫節と人形が一緒になって、人形が義太夫節によって演じられるようになる。同時代に近松門左衛門という人がいて、この人が見事な台本を書く。『曽根崎心中』『心中天網島』などはご存知と思いますが、そういうものを義太夫の語りで人形が演じる。これが人形芝居の発祥と言われています。

特に江戸初期には非常に盛んになってきたわけです。文楽ですね。文楽人形は三人遣いで世界遺産にもなっていますけれども、この文楽、浄瑠璃語りの太夫が文楽軒という屋号で小屋を作ったところ、大変に流行って、そんなことから、人形の三人遣いは文楽人形と言われるようになりました。

群馬の人形芝居…歴史と現状

群馬県の人形に入ります。記録を見ると、元禄八（一六九五）年に前橋の総社で江戸の結城孫三郎一座の糸操り人形を金十両で買った、享保八（一七二三）年には赤城の津久田で人形が何人かの人で行われたとあります。

松井田八城では、元禄十（一六九七）年小幡藩の苛政に耐えかねた八人の名主が年貢について厳し過ぎると訴えたことで所払いになる。所払いは、その地区にはいられなくなることです。その八人を偲んでか、その八人のために宝永八（一七一一）年に道具一式を購入して人形芝居を始めた。八城人形の起源です。

それから、黒保根に湧丸人形という一人遣いの小さな人形があります。これは、天明年間、十八世紀後半に地元の歌舞伎役者だった松島銀之助が自分で人形の頭を作って始めたと言われています。そのほかに、上野村楢原の人形箱には天明元（一七八一）年という年号がございます。ですから、江戸中期になると、現在確認されている四七の座がそろそろあちこちで発祥してきます。

現存しているものは、沼須・津久田・八城のほかは、高山村の尻高、みなかみ町の古馬牧だけで、前橋の下長磯操翁式三番叟と安中の中宿糸操り燈籠人形を加えられるくらいですが、昭和五十五年の調査でかつて四七座があったことが分かっています。

一人遣い・三人遣い…小中学生の後継者も

それから芸態です。一人遣いと三人遣いがあります。詳しく述べると二人遣いとあります。上演するのは舞台です。概念図をご覧ください。

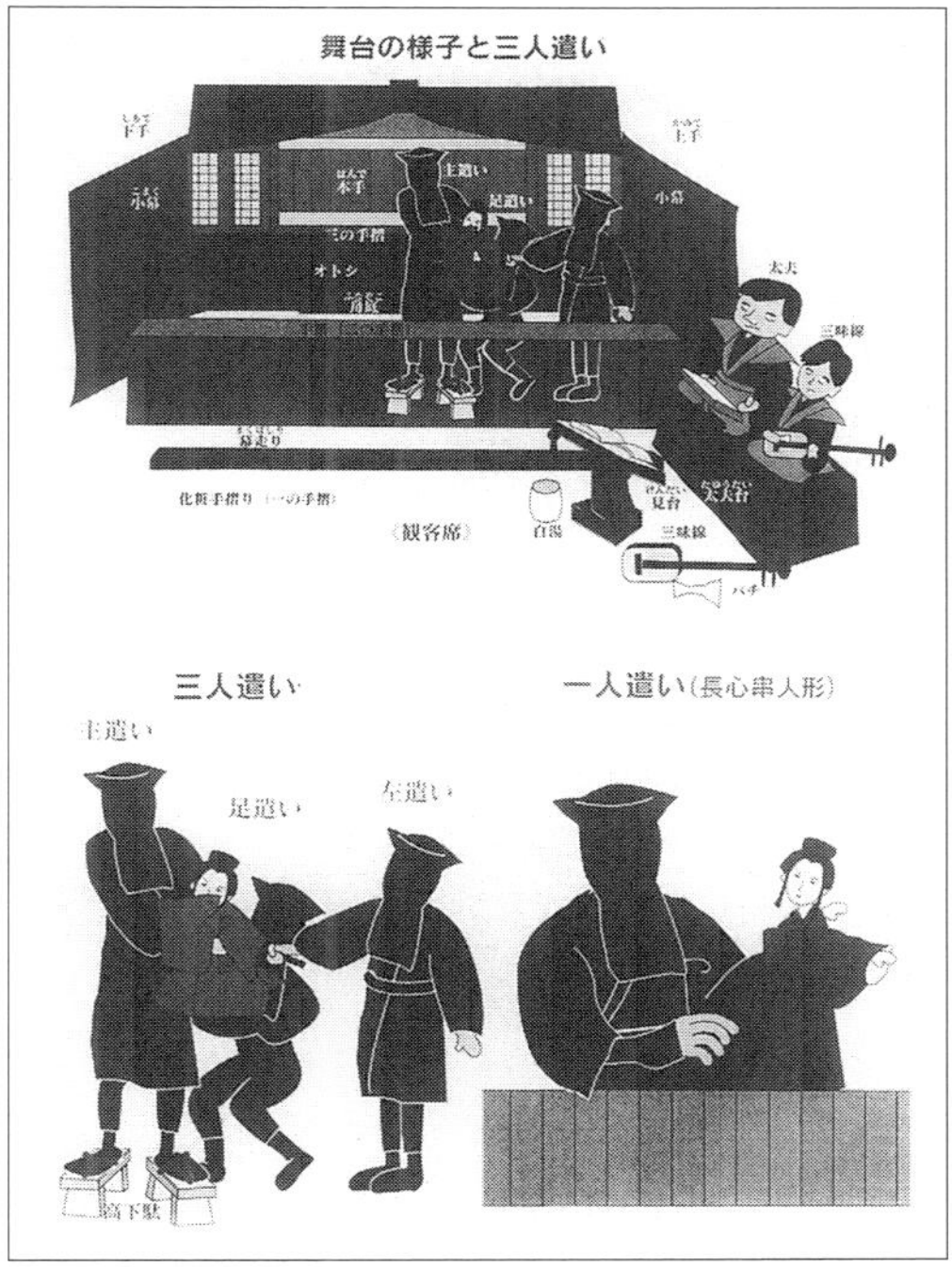

舞台の概念図（金井氏提供）

　私のやっている沼須人形は一人遣いで、ほかでは休座の状態で今はなかなか上演されないのですが、東吾妻町の唐堀（からほり）人形、旧の利根村の青砂（あおすな）人形も一人遣いです。尻高人形は、今は一人遣いでやっていますが、元々は二人遣いという気がいたします。三人遣いを今でもやっているのは八城人形、津久田人形、古馬牧人形です。古馬牧は旧月夜野、現水上になります。これは三人遣いですから、主（おも）遣い、足遣い、左遣いの三人で、文楽と全く同じです。それから安中の燈籠人形は筒を作って、その中に蝋燭などを入れて、人形をぶら下げて、糸で操る。これは非常にお金がかかるので、五年に一回ほどしか行われないです。

　人形の方も連絡協議会があり、今は四座ですが、四座で集まって演目や道具のこと、座の悩みを持ち寄り、何とかこの大事な伝統芸能を守っていこうという協議会ができています。その協議会の中で地元の小中学生に教えたりして、後継者作りをしていこうという取り組みが、七、八年続いていまして、沼須人形の場合は、今、小中学生が約十人来て、長い子供さんはもう五、六年やっているので、我々に匹敵するような操りもできます。

基調提起

こんなにすごいぞ　群馬の農村舞台

演劇プロデュース「とろんぷ・るいゆ」主宰　中村ひろみ

群響・煥乎堂・農村舞台―群馬三つの魅力に惹かれて

群馬県内でアマチュア演劇をやっております中村ひろみと申します。平成元年に結婚を機に前橋に来て二十数年、演劇活動していますが、群馬に来る時に三つ興味のあるものがありました。一つは群馬交響楽団。二つめは、出版社に勤めていたこともあって、前橋には煥乎堂という本屋さんがあって群馬どころか北関東の書店の雄だというお話を聞いていました。そして三つめが、先ほど金井さんからもお話があった赤城山麓周辺に農村舞台が非常に多いということ。強い興味を持って群馬にまいりました。

中村　ひろみ

実際自分が群馬県に来て、どんな演劇活動ができるだろうと県内を見回したときに、アマチュア演劇のレベルがとても高いことに驚きました。自分自身は結婚でこちらに来ているものですから、仕事も、家庭生活も、子育てもしていかなきゃいけない。そういう中で、劇団を維持するのはとてもエネルギーを使うので、テーマに合わせて、キャストとスタッフ約四十人を県内全域から集めて上演する、プロデュースする形で演劇活動を続けて

上三原田歌舞伎舞台の現状写真

います。あわせて県や市町村主催の演劇セミナーやワークショップの講師をしたり、県立県民健康科学大学で、学生さんに二十分から三十分のお芝居を一本上演することを教養科目で担当させていただいたりしています。

上三原田の歌舞伎舞台とは

その中で、これからご紹介する国重要有形民俗文化財に指定されている上三原田の歌舞伎舞台を三年程前からあらためて調べ直しています。調べれば調べるほど、私が、今ここ、群馬という地域で一生懸命、充実した演劇活動が出来るのも、農村歌舞伎が成立した文化土壌があり、それだけの地域力があり、一方で、ものづくりの精神が、この地域に色濃くあることが、私自身に影響を与えてくれていると感じます。

上三原田の歌舞伎舞台とは何かと言えば、芝居小屋と考えていただければと思いますが、芝居小屋と聞いた時に、みなさんがすぐに思い浮かべるのは、旧金毘羅大芝居（きゅうこんぴらおおしばい）の金丸座や、現役バリバリの芝居小屋、みどり市大間々のながめ余興場あたりだと思いますが、それらの芝居小屋と上三原田の歌舞伎舞台はどう違うのか。

金丸座は天保六（一八三五）年にできたものです。ながめ余興場は昭和十二（一九三七）年に出来上がったものなので、この間に百年の差があります。上三原田の歌舞伎舞台は金丸座よりもさらに約二十年古い、文政二（一八一九）年の建立です。

上三原田の舞台は、その約四十年前に浅間の大噴火があり、五十年で明治維新を迎えます。これだけだと単に古いということですが、一番大きな違いは、金丸座は、いまみなさんが普通にお考えになる劇場、舞台と客席がひとつの屋根の中に入る形態になっていますが、上三原田の歌舞伎舞台は、基本的に舞台だけに屋根が付いていて、観客席は野ざらしです。

それから、ながめ余興場の場合には、廻り舞台が電動で動くようになっています。骨組みに関

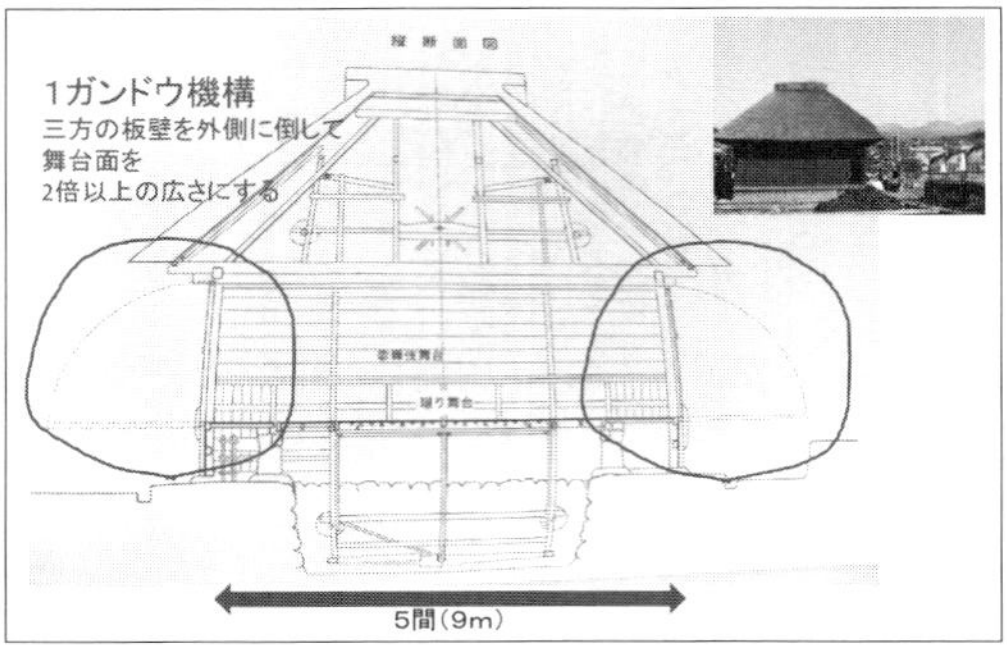

図１　ガンドウ機構正面

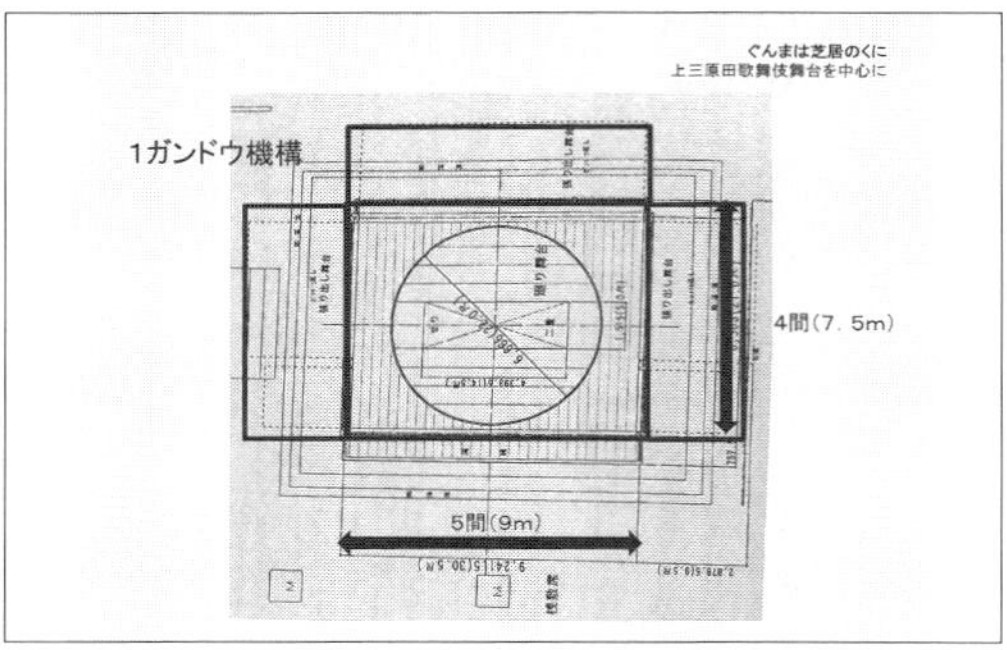

図２　ガンドウ機構上から

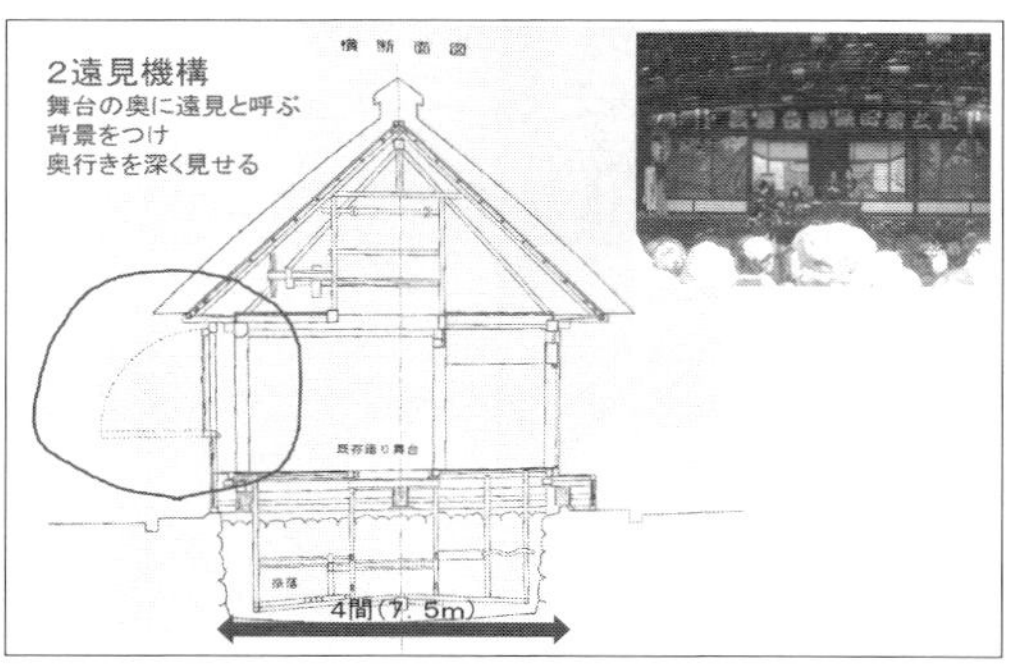

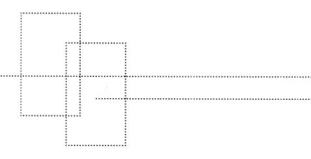

図３　遠見機構

しても鉄のものを使っている。ところが、上三原田の歌舞伎舞台はすべてが木と縄で作られていて、釘とか鉄製のものは一切使われていません。

写真が上三原田の歌舞伎舞台の普段の姿です。間口五間・奥行四間で、言ってみれば、小さな小屋です。赤城南面道路の西の方にあるので、皆さん、車で近くを通ったことがあるかもしれませんが、ほとんどの方がここに芝居小屋があるとは気づいていないと思います。元々は天龍寺というお寺の境内にあって、明治十五（一八八二）年に道一本隔てた今の畑の中に移されていますが、どう見たって物置小屋じゃないかというものです。それが、客席が組まれて、千人を超える人が入る劇場に変わるのです。これについてご説明しましょう。

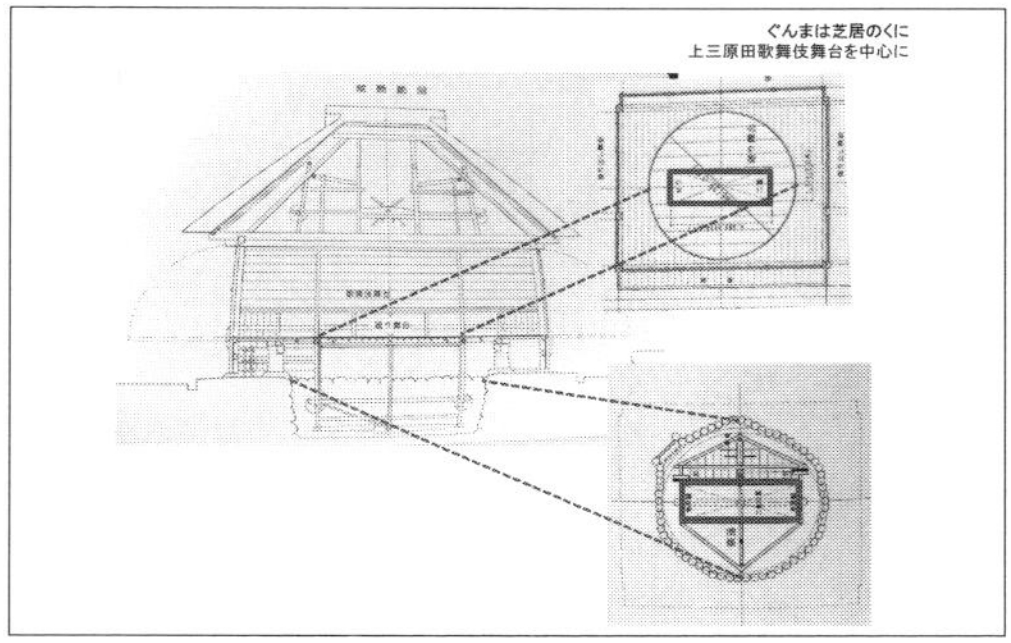

図４　柱立廻式廻転機構

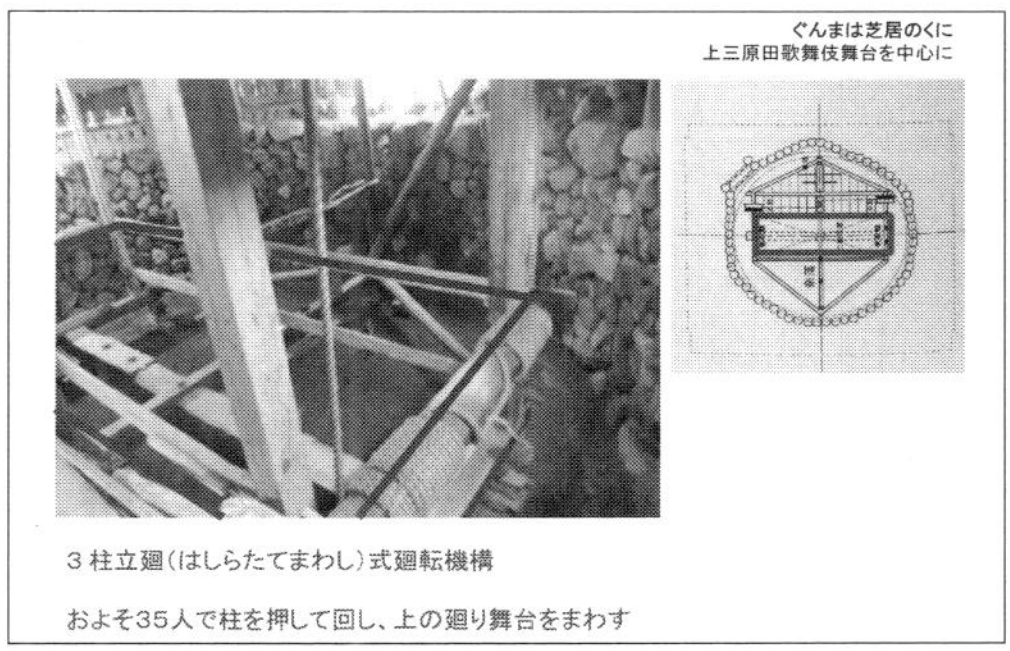

ぐんまは芝居のくに
上三原田歌舞伎舞台を中心に
3 柱立廻（はしらたてまわし）式廻転機構
およそ35人で柱を押して回し、上の廻り舞台をまわす

図５　柱立廻式廻転機構

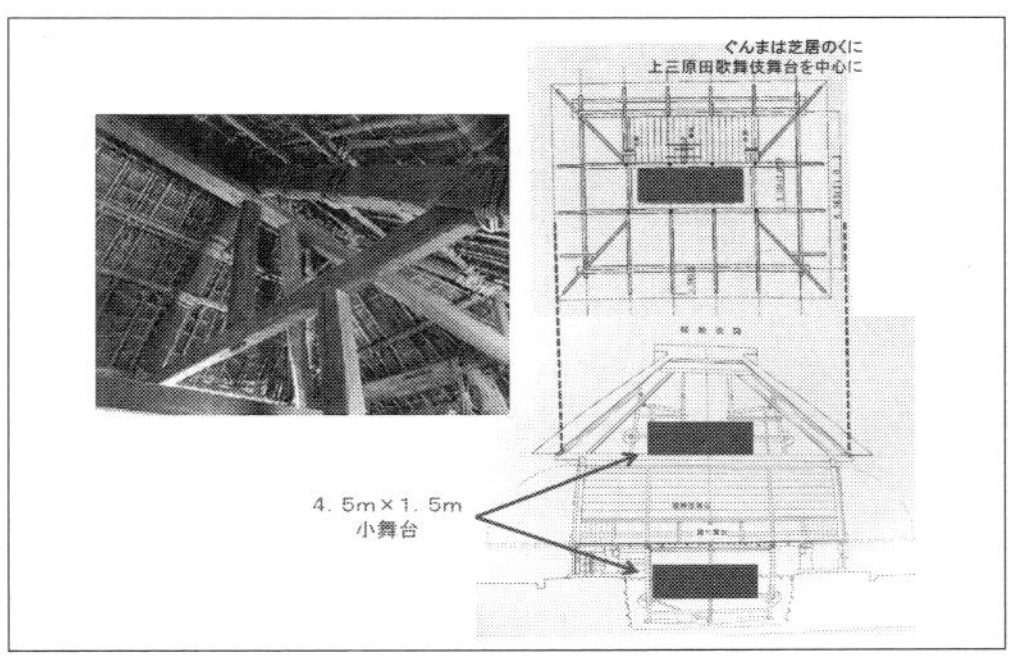

図６　セリヒキ機構

ガンドウ機構・遠見機構・柱立廻式回転機構・セリヒキ機構

金井さんのお話と重複しますが、この上三原田の歌舞伎舞台が、なぜ昭和三十九年に国重要有形民俗文化財になったかというと、ものすごく特徴的な舞台機構を備えているということがあります。たくさんの舞台機構を持っていますが、主だったもの四つをご説明いたします。

一つめはガンドウ機構。図1は舞台を正面から見た図です。両脇の壁が倒れて、なおかつ奥の壁も倒れて、そうすると舞台が倍の広さになります。図2のように、上から見るともっとよくわかります。

二つめは遠見機構。図3のように、舞台の奥に遠見と呼ぶ背景をつけ、奥行きを深く見せる工夫がされています。

小屋掛け

三つめが柱立廻式廻転機構。床下に奈落という部分があり、ここで大勢の人がうんしょ、うんしょと、廻り舞台を廻す仕組みになっています。廻り舞台の仕組みには、いくつかの種類がありますが、この舞台は柱立廻式廻転機構と言います。現存する中では、世界最古の廻り舞台と言われています。

農村舞台そのものは全国に千八百から二千、計算としては大字ごとに一つありました。その中にあって、この形態を取っているのは上三原田だけではないかと言われているのが、第四のセリヒキ機構。奈落からもうひとつの舞台がせり上がってくるのはよくある話ですが、常設の芝居小屋で屋根からもう一つの舞台が下りてくるのは、調べてみないとですが、世界にも類がないのではないかと私は思っています。図で見ると舞台が小さく見えるかもしれませんが、幅四・五メートルあるので、役者さんが六人から七人乗れると思います。

金井さんのお話にもありましたが、屋根裏に二十五人、役者さんがいる平舞台に十五人、奥行きを付けるための遠見の所で五人、奈落で三十五人の人間が動かないと、この機構全部が動かない仕組みになっています。電気を使わないで、人力だけで動かすので、こういう形になっています。去年、修復工事の時に中を見ましたが、部材については新しいものになっていますが、動かし方のシステムは一切、変えていないというお話です。

何の変哲もないちっぽけな小屋があっという間に華麗な劇場に変わる

先ほど客席は野ざらしと申しましたが、必要に応じて小屋掛けという屋根を掛ける作業をすると、明治十五年に広い場所に移ってからは、写真のように、なんと三千人も入る観客席ができる。これは、ぎゅうぎゅうに詰めて座った数字と思いますが、それくらいの規模の劇場に早変わりする。早変わりといっても約一カ月かかると思いますが、根っこの付いた杉の一本物を七本、南から渡して、もう七本を北側から渡して、真ん中のところで縄で結んで、竹を東西に差していく。その周りをむしろで囲むと、何の変哲もないちっぽけな小屋が、あっという間に華麗な劇場に変わる。

何度も申し上げていますように、鉄製の部材は使わない。人力だけでこれだけのきれいなものに仕上げる。舞台は大きなからくり人形、観客席は大きな美しい工芸品だと私は感じています。

上三原田歌舞伎舞台の製作者・永井長次郎とは…

江戸時代にこの舞台を作った人は、この地に生まれた水車大工の永井長治郎と言われています。大工というと簡単に聞こえますけれども、この人はおそらく、今でいう一級建築士とか、地域のインフラを整えていく技術者だったのではないかと思います。二十七～八歳の時にこの上三原田の舞台を作っています。

永井長治郎の技術の高さを物語る上での大きなトピックスとして、七十歳の時に前橋藩から、激流の利根川に橋を架けてほしいと依頼され、今の大渡橋の辺りに萬代橋というのを架けています。利根川の流れが激しく、橋脚で橋を支えるのが無理なので、右側からと左側からのアーチで、真ん中でバランスを取る跳ね橋という工法を採っています。非常に高い技術を必要とする橋を架けています。また、当時、この萬代橋の浮世絵が三種類も作られています。前橋藩にとっては、景勝地としても大きな意味合いがあったのではないのでしょうか。

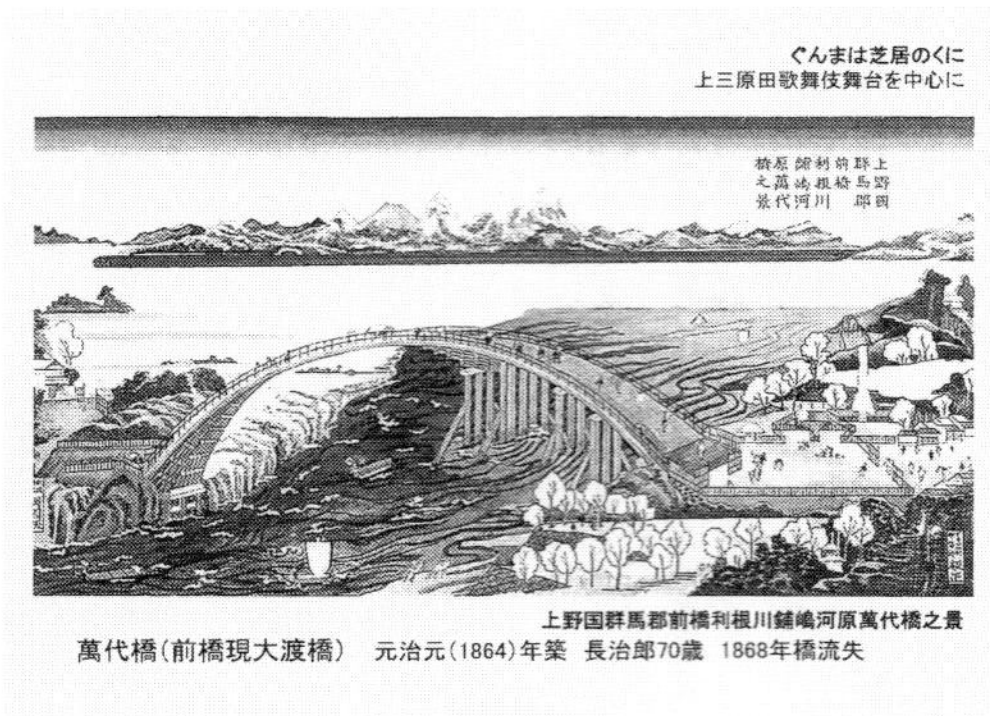

ぐんまは芝居のくに
上三原田歌舞伎舞台を中心に
上野国群馬郡前橋利根川鎚嶋河原萬代橋之景
萬代橋(前橋現大渡橋)　元治元(1864)年築　長治郎70歳　1868年橋流失

萬代橋浮世絵

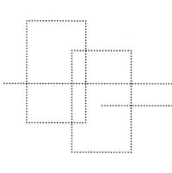

永井長治郎は、これ以外にも、軸を長く突き出したツンダシ水車を開発したり、船の上にのせた水車を動力にして精米や製粉をしたり、一度空を飛んでみたいと座繰り器の技術を応用して、実際に木製の飛行機を作って飛ばしています。もちろん失敗してしまって、明治十（一八七七）年に亡くなっています。ライト兄弟の有人飛行は一九〇三年ですから、も

し永井長治郎がこの時に成功していれば、日本人が世界初の有人飛行を成功させたことになったのに、ちょっともったいなく感じています。

永井長次郎のものづくりの精神を受け継ぐ人々

永井長次郎のものづくりの精神を受け継ぐ人々が、今、上三原田では歌舞伎舞台操作伝承委員会として活動を続けていらっしゃいます。残念ながら、江戸時代の詳しい上演記録は残っていないそうですが、明治時代には、明治四年、六年、八年、十一年と、二～三年に一度上演しています。しかし、先ほども申し上げたように、この舞台を使うためには、まず舞台を動かすのに八十人が必要で、観客のおもてなしのために、会場にも人が必要で、なおかつ、小屋掛けをするための人員や材料を計算すると、およそ一千万円の経費がかかるそうで、なかなかそれほどの資力を地域だけで持たせていくのは大変だったようです。昭和五十一年に、一度、お休みになりましたが、平成十三年の国民文化祭で復活させて、小屋掛けまで実現させています。

実は、これも皆さんご存じないと思いますが、その後、毎年毎年この廻り舞台での歌舞伎上演が秋に行われています。小屋掛けは、手間もお金もかかりますから、復活以降は平成十三年と平成十九年の二回しか行われていませんが、さきほどの廻り舞台などの機構を活用した地芝居は、今でも見ることができます（平成二十四年からは文化庁による修復作業のため上演休止中）。

群馬は農村舞台研究発祥の地

上三原田の歌舞伎舞台は突出したものですが、赤城山南麓・西麓には百以上の舞台があったことが分かっています。このことは、日本全体にとっても、意義のあるものでした。というのは、その後、日本全国に芝居小屋ブームというのが何度かありまして、その研究調査の端緒になったのが、実は上三原田の舞台であり、赤城の百棟あまりの舞台群でした。なぜかと言うと、昭和二十年代に群馬県の郷土史家・萩原進先生が県内の農村舞台についての調査をされ、その調査研究に興味を持たれた前橋工業短大、今の前橋工科大学の建築の先生だった松崎茂教授が、もしかしたら全国にそのような舞台があるのではと、お一人で全国を歩いて九百の舞台を調べ上げられました。

その研究は『日本農村舞台の研究』という一冊の論文集にまとまっていますが、実はこの先生、五十一歳で若くしてお亡くなりになってしまい、論文集は、亡くなられた後、学者仲間たちが、松崎先生の業績を称えて遺稿集の形で作っています。それで、この本自体はとても部数が少ないので、演劇や建築、民俗関係者には幻の名著となっています。

私は幸い、芝居仲間のおじいさんが、昭和五十一年の上三原田の舞台上演の復活前の最後の実行委員長をなさっていた縁で、貸していただいたのですが、この本の中で、赤城の舞台群も紹介されています。図6がそれで、金井さんのお話と重なりますが、赤城南面、利根川・赤谷(あかや)川・片品川沿いに百前後の舞台がありました。

その後、全国の研究者が全国に散らばって、自分たちの地域はどうだったのかと調べた結果、兵庫が二百三十四であったり、岐阜と愛知が百八十以上であったりと、数的には確かに多くて、群馬の九十九は、他に比べると半分以下という気がしますが、狭い地域の中で百棟あまりが密集していたのは全国的に珍しいと言えます。このように、芝居小屋研究の発祥の地であることが、群馬の特徴になっています。

それと、金井さんから横室歌舞伎のご説明がありましたが、全国の地芝居の現場にも古い歌舞伎衣裳は残っていますが、ほとんどが明治時代のものだそうです。それに比べると、横室に残っているものは十八〜十九世紀、江戸時代の歌舞伎の衣裳が残っていることが特徴的で、重要なことだと言われています。

活発な現代群馬のアマチュア演劇に繋がる農村歌舞伎と人形芝居の風習

現代も、群馬の演劇は活発です。いま県内で歌舞伎をやっている団体、人形芝居をやっている団体については金井さんからもお話がありましたが、アマチュア演劇の現在の状況をご説明します。実は県内には四十以上の団体が活動しています。これは学校の演劇部などは入っていない数ですから、土・日には、おそらくどこかでアマチュア演劇が行われているのでしょう。なおかつ、高校演劇に関しましては全国大会に出場する常連が多く、全国優勝もしています。演劇の全国大会は夏の甲子園と違って、都道府県でひとつずつ出られるわけではありません。ブロック大会で優勝しなければならないので、全国大会といっても十一とか十二の学校しか出られないんです。その中で群馬の高校は常連になっています。

先ほど、伝統芸能の方たちが連絡協議会などを組織して活発に動いていらっしゃる状況が語られましたが、アマチュア演劇の方でも、平成二十四年にぐんま演劇人会議という任意団体を発足させ、非常に充実した形で活動しています。群馬の演劇人は、演目がオーソドックスなものから、路上パフォーマンスやお寺の本堂まで、多種多様な空間でやっています。劇場でない空間を使うことも多く、その場合には、舞台と観客席を自分たちで作って、その中で自分たちの作品づくりをしています。

冒頭申しましたように、私自身が、二十数年間、群馬で非常に充実した演劇活動を続けることが出来たのも、農村歌舞伎舞台を可能にした文化土壌が、大きな力となっているのかなと思っています。

江戸時代、上州（群馬）の農村舞台では、自分たちで小屋掛けをし、舞台の機構も自ら作って動かし、江戸から大芝居、つまりプロを、買い芝居によって持ってくる、もしくは自ら舞台に立つ、必要であれば衣裳は江戸まで仕入れに行く、お客さんが来た場合のもてなしも行っていた。そうした風習が、今のアマチュア演劇をやっている我々にも繋がっているように思えます。条件が揃わない中でも、自ら作品づくりの条件を整えていく、ものづくりの精神が強固にある。それによっていろいろな作品づくりが可能になっていると感じます。

そんなものづくりの精神、もてなしの精神が、現代のアマチュア演劇に受け継がれているのではないのでしょうか。

二〇一九年　上三原田歌舞伎舞台創建二〇〇年に新たな合作を

最後に、僭越ながら、ひとつの提案をしたいと思います。実は上三原田のみなさまにはまだ直接お声掛けしていないので、配布した資料では文章にはしなかったのですが、一八一九年に建てられた上三原田の歌舞伎舞台が二〇一九年に創建二〇〇年を迎えます。その時にもし可能であれば歌舞伎をやっている人、舞台を守っている人に、我々現代の演劇をやっている人間が加わって、何かひとつ動きが起こせれば、そういう形で文化土壌を受け継ぐことが出来ればと考えています。ご検討いただければ幸いです。

パネルディスカッション

掘り起そう　芝居の国の風土と気質

沼須人形芝居あけぼの座座長　金井　竹徳
劇団「ザ・マルク・シアター」主宰　生方　保光
演劇プロデュース「とろんぷ・るいゆ」主宰　中村ひろみ
劇団「どくんご」制作・俳優　五月　うか
群馬県立女子大学文学部美学美術史学科准教授　武藤　大祐
群馬県立女子大学群馬学センター副センター長　熊倉　浩靖

熊倉　ご講演・ご提起のお二人に加えて、三人の方にご登壇をいただきました。ザ・マルク・シアターを率いて三十年以上にわたたって群馬で演劇を続けられると共に、先ほどお話のあった助っ人塾の中心メンバーでもあります生方さんからお願いします。

ぐんま郷土芸能助っ人塾の活動とは…

生方　お二人の話を踏まえて、伝統を意識しながらも、日々の演劇活動への提言ということでお話をさせていただきます。

昭和五十八（一九八三）年に開かれたあかぎ国体で、群馬の歴史の古代から現代までを舞台にしようと、国体の中に初めて出来たスポーツ芸術部門に参加しました。その時オーディションが

生方　保光

ありました。それを受けたら助演出もやりなさいと、助演出をやりながら役者もやって、終わってから劇団を立ち上げました。ザ・マルク・シアターという劇団ですが、振り返ってみたら三十年も続けていたということです。

先ほどのお話の中で、農村歌舞伎や人形芝居などの郷土芸能が、脈々とこの風土に溶け込んでいるということですが、前提にはやはり豊かな財政力があったからだと思っています。豊かな財政力があったからこそ江戸の文化がそのまま持ち込まれてきたのかなと思います。養蚕や木材などの力です。

しかし、いま起こっている現象を見ると、農村の限られた地域の、この座の、この芝居、この人形芝居しかしないという地域性があったかもしれない。そういう中でだんだん後継者がいなくなる。公演でお金をいただくことがなかなか難しい。お客さんもなかなか集まらない現状がある。

そこで私たちは、郷土芸能そのものを我々が演ずるのではなく、環境を整えて郷土芸能を演じていただく、知っていただく、保存や継承をする、その下支えをするＮＰＯを立ち上げました。ご紹介のありましたぐんま郷土芸能助っ人塾です。元々は、郷土芸能の保存・継承をプロデュースできる人材を育てようという県の文化事業が始まりです。そこに参加して、関わっていくうちに、ＮＰＯにしようと法人化しました。

活動内容は、県主催の「群馬郷土芸能の祭典」のお手伝いがありますが、その日の受付、裏方だけではなく、県内各地での勉強会や周知活動に力を入れています。とくに郷土芸能は勉強しないとだめですね。我々も学習しなければならないので、そのための勉強を欠かさずやっています。

そうすると、展開も見えてきます。例えば、先ほどの横室の衣裳、虫干しを年に約二回やるのですが、貴重な衣装をきっちり保存していただくために我々に出来ることは何かと考えました。保存する価値や努力を知ってもらうには、やはり多くの人に見ていただきたいので、衣裳の展示会をやる、そういう形でお手伝いしています。みなかみの歌舞伎が後継者不足というので、その活動も支援しようとか、津久田の人形もなかなか活動がしづらいというので手伝いましょうという、そんな支援をさせていただいております。

群馬の演劇状況と県民気質

一方、群馬の演劇状況はどうかと言うと、中村さんが言っていましたが、高校演劇は、全国的にもすごく優秀なんですね。全国優勝しているところもあります。優秀なんだけど高校演劇が終わると、スッと演劇の熱が冷めるのやら、東京の大学へ行ってしまうのやらで、なかなか定着しない。

プロの劇団は、昔は群芸や群馬中芸というのがありまして、その流れを汲んでいるのが劇団ブナの木です。お金を取ってプロとして活動しておられる。

アマチュア劇団は、戦後から考えると、群馬県演劇文化集団とポポロ座から始まります。「懐かしいね」と言って下さるかもしれません。今も活動しているところで、古いのは群大テアトル・ヒューメ。学生が頑張って盛り上げています。私たちのザ・マルク・シアターと同時期生まれだと、高崎のろしなんて、桐生のＨＡＴＡＯＴＯ、そして群馬新しい芸術の会、ペルソナ館がほぼ一緒。その後は、中村さんが紹介されましたが、四十くらいの劇団があるということです。

ただ、一年で入れ替わり、一回で終わってしまうのもあると思います。今回のテーマの「芝居の国の風土と気質」からすると、なかなか長く続くところがない。我々や同期の幾つかの劇団の三十年というのは稀なケースです。五年持てばよく頑張ったね、というところだと思います。なぜ辞めてしまうのかと言うと、お芝居はものすごくお金がかかる。先ほどの上三原田の舞台には少なくとも一千万円かかるそうですが、それほどでなくても、やはり毎年やるのは難しいと思っております。時間がかかるものもありますし、やってしまったら達成感で、もういいかなということもある。これも全て上州人気質なのかなと、私なりに考えています。

私たちの中に流れる芝居のＤＮＡ

では、なぜ芝居をやっているのかを私なりに考えてみると、私の出身は沼田です。生方という名字は沼田にとても多くて、生方と言うと「あっ、生方たつゑさんですか」と必ず言われるほどで、たつゑさんはお嫁に来たのでＤＮＡは引き継いでいないですが、その旦那さん、生方誠さんは沼田町長をなさったり、国家公安委員会の初代の委員だったりする博識の方で、そういった方が親戚筋にあるのはうれしいですが、その生方さんがアメリカの大学に行って覚えてきたのがマリオネット遣いでした。戻って来た時、友達に坪内逍遙さんがいて、早稲田の大隈講堂のこけら落としに沼須人形を呼んで公演をしてくれといういお手紙をいただいて、「いいよ」というお話になったんですが、公演の日程が合わなくて実現はしなかったそうです。

そういうところで私と沼須人形は繋がっているのかなと思い、父に、今度、シンポジウムがあるので何かエピソードはないかと聞いたら、「爺さんが『俺らの時にはおまわりさんが見張りに来ると怒られちゃうんで、蔵の中を締め切って、その中で江戸から来た人たちが見つからないように芝居をやっていたよ』と言っていた」という話が出てきました。父は、芝居とは全く関係がない無骨な人間で、演劇のようなものは全く御免という感じですが、父の後輩が無類の芝居好きで、毎日その人に昼飯をごちそうしていた。その人が私の芝居の師匠で、ポポロ座の裏方なんかもやっていて芝居を教えてくれた。そういう繋がりがあったかなと思います。

気質からすると、熱しやすくて冷めやすくて、新しもの好きだから、直ぐに真似をするけれど飽きてしまう。義理堅いので誘われれば見に行くけれど、仲間内の話で止まる。宵越しの金は持たないという気質もあるようで、一回大きく使ったら終わりというようなところもあるのではないかと、私は感じております。

一方で、もう一つ重要な視点がある。群馬の人で世界で活躍する人がものすごく多い。物事を世界的に大きな視野で考えるから、地元に何かを残すことをあまり考えていないのではとも考えているところです。

いろいろなものが脈々と受け継がれる中で、皆さんの中でも、ちょっと知り合いを訪ねてみると、意外と芝居、演劇に繋がっているのではと思います。あとは、繋がる意思がどこかにあれば、もっともっと群馬の芝居が盛り上がっていくと思います。こうして集まっていただくこと自体、大変感謝しておりますが、ぜひ、その枠をもう一つ広げて下さると、もっともっと広がると思います。

熊倉　次は、今、円形広場で小屋組みが行われていますが、来週上演されます「劇団どくんご」の制作であり俳優である五月うかさんにお願いします。

私たちの芝居を見て、固くなった五感を柔らかくしてほしい

五月　こんにちは。「劇団どくんご」の五月うかと申します。群馬県立女子大での公演は今年で三回目になります。私たちの劇団は三十年前に埼玉で発足し、一九八八年からテント劇場で全国を回っております。トラック二台とバン一台に楽屋テントと劇場テントの道具を全部詰めて、今年は五人で、設営から芝居中の音響・照明、役者と、全てを回して全国を旅していきます。

私たちのお芝居は、ストーリーとかテーマとかは特別なくて、どちらかと言うと、小さなサーカスやバラエティーショー、そんな感じで、各番組についてはすごく稽古を重ねますが、全体として、こういうストーリーです、テーマとして感じ取って下さいということではなくて、各シーンをその時々に、それぞれ楽しんでいただきながら、全体として歌や踊り、掛け合いやコントのようなもの、すごく照明や音響が美しいシーン、すごく笑っちゃうような下らないシーンがありながら、それぞれにいろいろなことを思い出したり考えたり、それぞれに楽しんでいただければいいなというものです。

普段の暮らしの中で感性が、五感が固くなっているところに、芝居を見終わった時には楽になったり柔らかくなったりしたらいいなっていうお芝居です。

初めのうちはテントの中を使った異空間というか、別空間のお芝居を作っていきますが、だんだん周囲の幕などを取り外し、外の現実世界とまぜこぜにするようなお芝居になっています。

だから、お芝居を観る習慣がない方、お子さんから大人まで、大人に子供が付き合うとか子供のイベントに大人が付き合うとかではなくて、それぞれに自分なりの楽しみ方が出来るお芝居だと思うので、お時間があったら、ぜひ足を運んでいただきたいと思います。

まちなか回帰…小屋掛けの場の変わりようと軌を一にして

二十五年前にツアーを始めたころはコンビニもなくて、トイレに行くのにも困りました。どこに車を止めてどこに行けばいいのかという時代でした。テントを街中にある広い公園なんかに建ててお芝居をしていましたが、商店街が年々寂れて郊外に大きいショッピングモールなんかが建って、みんな車で郊外に行く時代に変わって、テントの設営地も駐車場がある郊外にしましょうとなり、街中の公演は苦情もあるので貸せませんと市役所の方に言われたこともあって、人の暮らしが郊外型になるに連れ、私たちも郊外にお芝居を持っていかないといけない、どこに行っても同じ風景の中にテントが建つ時代がその後ありました。

先ほどからみなさんがおっしゃっているように、お芝居はお金がかかります。トラックを借りるだけでも相当お金がかかるし、移動して建てることでお金がかかるので、借金を作って、それを働きながら返して次の資金を貯めて、三年置きにツアーすることにしたのですが、それも経済的にできないと、二〇〇九年から「じゃあ、ずっと旅してみよう」と冬の間に次の年のお芝居の準備をして、四月半ばから十一月の終わりまで、全国を回って七カ月のツアーを五年前から毎年続けています。

五月　うか

そういう私たちの動きと時を同じくして、駅前の商店街や街中に人を戻す、戻って来ようという動きに出合うようになりました。

例えば岡山市では、駅前からちょっと離れた、お店のない岡山ドームのそばにテントを建てていたのですが、アートイベントに使ったりしている街中の小学校跡地にテントを持って来る動きになりました。福井でも、郊外の駐車場に困らない所でずっとやっていたのですが、本当に駅前、駅のすぐ目の前の広場に変わった。静岡の街中、映画館だったところが潰れて後々は水道局が建つと決まっている所、そこでいろいろなイベントをしたり、人が集まるお祭りをしたりという商店街の方たちと一緒になり、商店街の方たちの応援を受けて共にやってみようということになりました。公演地がまた街中に帰ってきている感じがします。

景気が良くなればいいと言っても、どうしようもないところまできているので、自分たちで何かやってみようという動きと全国で出会っている実感を強くしています。

演劇はあらゆる人と関係できる

初めは演劇をやっている方とか、演劇を見ている方のところを回っていく感じでしたが、長くやっていると、そういう方たちだけを対象にしていてもお客さんは集まってこない。ですが、各地で私たちのお芝居を気に入って知り合いに声を掛けて下さる方が増えた。喫茶店とかパン屋さんとか美容室とか眼鏡屋さんが、いろいろな所を回ってチラシを置いたり、ポスターを貼ったり、面白いから一緒に行ってみませんかと声を掛けて下さる。そういうボランティアの人たちに支えられて各地で公演しています。

大都市ならば別だけど、二千五百人くらいしかいない町にも行くので、いろいろな方たちに関係していただかないと、お客さんは呼べない。音楽をやってらっしゃる方、写真が好きな方と、アウトドアや手作りが好きな方、いろいろな方に声を掛けて、どちらかというと、演劇好きの方たちより、そうではない方がコアなファンになって、やっぱり演劇って面白いと、繰り返し見て下さるようになっています。

演劇は舞台も作るし、絵も描くし、衣裳も縫うし、お面などの小さい雑貨をつくったり、人に会ってお話をしたり、宣伝活動をしたりが必要です。ストーリーがないといっても、各シーンにテキストは必要なので文章も書く。すごく幅広い要素を含んだ表現なので、音楽の人、映像とか映画が好きな人、外で体を動かすのが好きという人、何か物を作るという方、お店とかいろいろな所に行って人と話すのが好きだという方、皆が関係出来る。皆で一つの公演を作っていく、一つのお祭りを作っていく力を持っている表現だと、改めて思っています。

お芝居に地域の人が参加してくれる

私たちは音楽は素人ですが、今年は、お芝居の最初と最後に音楽を入れてみよう、自分たちで合奏してみようと、私もアコーディオンを練習し始めています。自分たちで合奏をし、歌も歌っています。約八十人しか入らない小さいテントですから、至近距離で生の楽器の音を聞くのは楽しいですね。それで、全く素人の方がタンバリンで参加されることもある。楽器をやっていた方って、すごく多い。演劇をやっていた方より多いと思いますが、それを続けていたり、誰かの前で演奏したりは意外となくて、だから一緒に一曲二曲ですが、練習して一緒にやる。それをものすごく楽しみにして一緒にやって下さる地域もあります。

今年はお芝居の合間、幕間に約七分の地元枠を作る予定です。地元枠はない地域もありますが、神戸では、地元で演劇をやっている方、音楽をやっている方、ダンスをやっている方が、どくんごのお芝居を面白いとおっしゃって下さっていて、皆で何かワンシーン作るという取り組みをして下さいました。

私は北海道釧路出身で、近くにタンチョウの飛来地がある鶴居村というところです。そこに知的障害者の方たちが地域で自立して暮らしていけるよう、それを支えるＮＰＯ法人があります。そこの職員の方が、どくんごのお芝居を面白がってくれて、公演に行っています。すごく小さな町なので、どうやってお客さんを集めてこようかと、どくんごの公演というよりは自分たちのお祭りにしようとしています。すごく高齢化の進んでいる所なので、知的障害者と障害のある子供たちだけでなく、お年寄りやそれを支えているご家族などが皆参加できる地域全体のお祭りにしようと、昼間は自然の中で魚を釣ったりカヌーに乗ったり、馬に乗って遊んだり、夜は、その牧場にテントを建てて皆でお芝居を観ようというお祭りにしてくれています。

熊倉　ここで、武藤さんに中間的なまとめと提起をお願いしたいと思います。

毎年「どくんご」に大学に来てもらっている理由

武藤　本学で舞踊学を専門にしている武藤と申します。どくんごを大学に呼んでいるのも、五月うかさんにパネリストをお願いしたのも、僕が張本人です。

生まれは東京で、いま大宮に住んでいますが、この大学に来て六年目になります。大学で教える傍ら、平均して週に三回くらいは舞台を見ています。年間で二百本くらいは見ているでしょうか。その中で、どくんごは別格です。僕は踊りが専門なので演劇のことはよく分かりませんが、劇団どくんごに関しては好きなんです。それで補足と宣伝をさせていただきます。

実は僕は全然踊れない人で、座学ですが、学生に授業で踊りを教え始めて、途中で「あれっ」と気付いたことがあります。学生たち、舞台で生で踊りを見ていない。僕がビデオで見せると、面白いとか、あるいはよく分からないと言うけれど、生で舞台で見る機会がない。冷静に考えたら、僕が普段行っているような劇場が群馬にはほとんどないことに気付いたのです。さいたま市の「彩の国さいたま芸術劇場」に行けば世界的に有名な作品が見られるし、そんなに遠くはないのですが、交通費もかかりますから、学生はそこまでできない。どうしたものかと思っていました。

ところが、この大学に来て二年目にどくんごに出会ったんです。これはと思い、うちの大学に呼べばいいんだ、呼べばみんな見られると、来ていただくようにしたんです。来てもらって見てもらう。本当に面白かったと言ってくれる人もいるし、よく分からなかったと言われちゃうこともある。賛否両論ですが、ともかく見てもらえるようになった。

一つの演劇を大学に呼ぶという発想の中で重要なことは、自分が呼んで、お客さんがそれを見るだけではなく、そこにいろいろな人に関わってもらうことと思います。先ほど五月さんがいろいろな人が関わってくるとか、自分たちのお祭りにしてしまうとかいうことをおっしゃって下さいましたが、何かあったら自分も乗りたくなるイベントをやらないともったいないといつも思っています。ですから、このシンポジウムのお話をいただいた時にも、直ぐに計算が働き、来週のどくんごの公演（六月二十五日、二十六日に本学の円形広場で開催）とくっつけてしまおうと考えました。

武藤　大祐

どくんごの公演に関しては、いつも玉村町の皆さんが協力して下さっています。例えば、先ほどお話のあった地元枠では、ウクレレを教えているウクレレユニットが玉村にはいるので、昨年からは、その方たちと教え子のちびっ子たちに出てもらっています。それから、まちづくり玉村塾という地域の文化や歴史を調べたり広報したりしている団体がありますが、その方たちに協力していただき、玉村公演だけのスペシャルな演出がほどこされています。作業も、学生と玉村町の皆さんとが一緒にやっています。

まちづくり玉村塾の方と話をするようになったら、玉村にも昔は劇場があったと言われました。今は駐車場で跡形も無く、当時を知らない人にはまず分からない状態ですが、上三原田の農村舞台のことも教えてもらって、すごいと言われました。大間々のながめ余興場にも行ったことがあります。群馬の若者たちが集まっているスペースサファリというグループが、クラブイベント、DJが音楽をかけて、みんなでわーっと踊るのをやるというので、出かけたら、本当に立派な地芝居の小屋があり、それがいまだに現役で使えて、そこの客席を取り払ってDJが入って、老若男女が踊りまくっている。ものすごく異質なものが繋がってとても面白いことになっていると実感しました。

もっと繋がれば面白いのに、もったいない

そこで改めて思ったことは、群馬は「繋がり」が足りないということ。いろいろな人がいろいろなことをやったり、やってみたいと思っているのに、お互いのことを知らない。ちょっと離れたところから見ると見えるのですね。それが本当にもったいない。

実はいっぱい仲間がいるのに、お互い知らないことが、一番のポイント、課題だと思っています。地元の方に提案をしたり出来る立場じゃないかもしれませんが、いろいろな人を繋ぎたい気持ちがずっとある。

それから今日、四人の方のお話を聞いていて、ともかく自分でやってみようという発想をお持ちの方が群馬で演劇に関わっておられるのではないかと感じました。

金井さんは、あけぼの座の座長と研究をしていらっしゃいますし、中村さんの先ほどの発表は本当に勉強になるもので、その調べてみようというエネルギーは普通の人では、なかなか、そこまでいかないものがあると思いました。生方さんは、現代劇をやられている一方で、伝統芸能に対して助っ人塾という形で、自分たちが成り代わるのは難しいけれども、サポートする立場に自分たちを置いてしまえば、極めて臨機応変に対応出来るという発想もすごく有効なやり方だと感服しました。

群馬の方ではありませんが、五月さんのどくんごも、やはりいろいろな人を巻き込みながら「やってみよう」という、焚きつける精神は共有されているなと。お話を伺いながら思っていて、私は演劇人でも何でもないですが、自分のメンタリティと近いものを感じていて、ないならやってしまうというのはすごく共感します。だから、毎年お呼びしているのです。

演劇が生み出す繋がり、繋がりがなければ廃れていく

熊倉　中間的なまとめ、ありがとうございました。整理と幾つかの問題提起がありますが、一つのキーワードは「繋がり」かなと、聞いておりました。

さまざまなものを持っている人たちに、演劇という空間が投げかけられることによって、繋がりができていく。繋がるためには、その人の持っている心だけでなく、技術と言うか技量と言うか、それほどではと自分で思っていることを、いや実はそれは大切なんだとお互いに繋いでいく。五月さんが色々な地域でやっておられることは、そういうことではないのかと思いました。

五月さんがここに来られなかったら、学生たちも玉村の人々も自分の持っている技量を繋げられなかった。繋げていくことが次の新しい空間を作ることになると思うし、そういうことが濃密にあったのが江戸時代の群馬だったのではないか。それを説明する時に、シルクカントリーで財政豊かだったからと言いますが、どうもそれだけではなく、もうちょっと何かやってみようとか、ものづくりの精神や技量があったのではないか。そんなふうに感じましたが、金井さん、中村さん、どう思われますか。

金井　人形芝居の場合、三位一体とよく言います。人形師がいて、三味線があって、語りがいる。私は、これが全てに繋がるかなと思っています。

先ほど人形は日本中にあったと話しましたが、人形があるだけでは公演は出来ない。逆に、やる気があっても、人形がなければ出来ない。まず、三味線、語り、人形。それから、人形を守る地区があって、それを演ずる座がある。私の場合、沼須という所は百六十戸くらいの農村ですが、非常に働き者で、遊びも好きな土壌があります。そういう人たちが支えてくれる。その中にあけぼの座という座がある。私は、これも三位一体だと思います。

それから、私ももう六十を過ぎていますが、先輩たちには九十近い方がいらっしゃいます。老・壮・青という言葉がありますが、お年寄りばかりでもだめだし、我々ばかりでもだめ。やはり若い人がいることが大事だと思うのです。現に大変ありがたいことに小中学生が来てくれ、座が活性化しています。

先ほど武藤先生が言われたように、人との繋がりは非常に大事。それがあるからこそ歌舞伎や人形があるという気がします。年配者がいて、中堅がいて、若手がいる。これがまさにうまくトリプルで繋がっていて、初めて人形芝居は出来る。これがないところだと、結局、伝統芸能はだんだん廃れていくんじゃないかと思います。

中村　そうですね、いま熊倉さんがご指摘なさった、気持ちだけではなく、技術や技量があることの大切さをものすごく感じています。

と言いますのは、生方さんも言われましたが、今、若い人たちはバーチャルなものに興味が向きやすく、頭の中だけで考える、モニターの中だけで物事が済んでしまいがちですが、頭の中で考えた事を、肉体を使って、自らの手を使って、目の前につくって見せることが、出来るか出来ないかの差はものすごく大きいです。

その時に、江戸の農村舞台をやっていた人がたくさんいた群馬の土壌の中で、今、私が一緒に芝居をやっているメンバーというのは、物を作るのを厭わない人たちです。今は物を作ることを面倒くさがる人が多い気がします。実際に手を使って工作することを嫌がってしまう。頭の中だけでなく、それをやるという部分が実は群馬の強みですが、特に若い人たちではバーチャルなものに取って代わられがちになるので、残念だという気がします。

演劇の場は、皆が一緒にものを作り上げられる場

それからもうひとつ。これは話が延長すると難しくなってしまうので、ただ聞いてみたいだけなんですが、私、今、自分が演劇をやっていて、先ほど生方さんからも金井さんからもお話があったように、見る人も減っているし、やる人も徐々に減っています。皆、人と一緒にいたくないのかなと、すごく不思議です。演劇は必ず大勢でやらなきゃいけない。たとえ一人芝居でも、たくさんのスタッフがいないと実現出来ない。また、お客さんのいない所で演劇はできません。一人でも二人でもいいからお客さんがいないと。生身の人間が一緒にいたいという欲求がないと始まらないんですが、このごろなにか、あまり人と一緒にいたくないのかなと感じることがあります。

熊倉　中村さんが言われたことは、かなり根本的な問題ではないでしょうか。五月さん、生方さん。作っている側から見て、どのように感じますか。

五月　どうでしょうか。一緒にいたくないというか、一緒にいることに臆病になったり疲れたりは時代的にあると思うのですが、ネット社会、こうバーチャルなものが強い分、ライブ感や生ものを求めている側面も強くあると思っています。

それは演劇を観る側の話ですが、演劇をやる側の問題で言うと、お金以上に、時間貧乏、下手でもいいから自分たちで知恵を出し合って、工夫してじっくり作ろうという余裕がどんどんなくなっている。実際に時間の余裕がないだけでなく、すぐに結果を出したい、どんどん進めたい、という時代の気分の中で、若い人たちが試行錯誤したり、経験値を上げていく機会が持てなくなっていると感じます。人が集まって試行錯誤するところに、演劇の大変さとともにおもしろさがあるのですが、最近は、照明や音響、時には舞台や衣装もプロの人に頼んで、作・演出・俳優の部

分だけを短期間で作るスタイルも多い。もったいないなあ、と思います。今は演劇を作る側も、演劇のダイナミックなおもしろさが味わいにくい時代になっているのかもしれません。

確かに無駄も出るし、時間もかかるけど、自分たちでたくさん工夫することの中に、演劇に限らずものを作る楽しさがあるはずで、舞台上で起こることだけではなく、制作や人の繋がり、演劇が持っているお祭りやイベント的な側面を含め、皆で一緒に作っていけたら一番面白いと思っています。

生方　そうですね。中村さんの問いに答えるとすれば、人は誰でも一緒にいるのが心地良いこともあるし、嫌なこともありますが、確かに人と関わっている時間が少なくなってきているように思います。

若者が少なくなっているということと、うちの劇団は十五歳から七十五歳までが、今約二十五人いますが、やはり若者は、舞台を作ることへの参加に戸惑っている。先ほどもお話ししましたが、上州人気質のＤＮＡは確実に体内にあるので、やってしまえば長続きするし面白みも出てきますが、そこまで行くのにかなり時間がかかってしまう。体験さえすれば、上州人らしい人懐っこさ、人の世話をするのが好きといいますか、何か困っているとつい必要以上に手を出してしまう、そういうことが出てきますが、時間がかかる。

繋がる手は持っているのに、なかなか手を出さないところに現代社会の性格があるのでしょうか。金井さんのお芝居をお手伝いをする中でも、やはり決まりがあって、その決まりの中で手を出せる部分は本当に僅かなところでしかないですが、それでも何かをお手伝いする準備をしていけば、またそこで繋がる。それが上州人の気質に基づいた文化の継承に繋がっていくと思っています。

もてなしの文化、受け入れの文化と農村歌舞伎

金井　群馬の県民性があるようですが、人形とか歌舞伎をやっている所に行くと、非常に人の繋がりが深いというか、似ていますね。

うちの場合も、子供たちも非常に人懐っこい。これは、群馬県には多くの街道が走っていて、街道を通して江戸から来る人たちもいたし、信州や越後から来る人も。その旅の人たちを迎えて、残していったものを受け継ぐことが、ずっと培われてきた。そういう街道沿いに伝統芸能は残っている気がします。子供の頃から身に付いていた。そういう地域的なものが、伝統芸能を残してきた一つの要因だと思います。

熊倉　中村さん、問題提起の中でものづくりの精神ともてなしの精神が農村歌舞伎を維持してきた、廻り舞台を維持してきたと言われましたが、自分たちが舞台を見たい、舞台で演じたいからやるのではなくて、自分は見ることもできないお芝居をみなさんに見せたい、そのためにみなでお金を一千万円も出し合って小屋掛けをするのは一体何でしょうか。

中村　金井さんの基調講演の中にもありましたが、農村舞台には二つ種類があって、買い芝居と言って回ってくるプロの芝居を上演するのが得意な場所と、自分たちが自ら立ってやるのが得意な場所とがあります。上三原田の場合は、どちらかと言うと買い芝居。地域の人たちはみな舞台の裏に隠れて黒子（くろこ）として動く。旦那衆がそれをやる。奥さんたちは会場の方に回ってお茶や食べ物の用意をしてみなさんをもてなす。ですから、地元の人はほとんど歌舞伎自体を楽しむことが

できないと、伝承委員会の方は言っていました。金井さんの言われる交流文化、行き交いを楽しみ、もてなす土壌があるのかなと思います。

みんなで作る演劇に人を巻き込む工夫

武藤　群馬県人気質があるのかどうかは分かりませんが、ある一定の劇場が今も生きていて、以前、中村さんとお話しした時に、劇場でなくても、ガレージや物置で客席を組んで上演すると聞いて本当に驚いた。いや、それはみんなで見たいと思いました。

ちょっと話が戻りますが、バーチャルなものが増えてみな一緒にいたくないのかということですが、音楽業界に注目すると、ＣＤの売り上げがものすごく下がっています。ＭＰ３で曲をダウンロードしたり、ダウンロードさえしないでYou Tubeで聴く。ところがそれと反比例する形で、今、ライブのお客さんがものすごく増えています。ライブハウスもすごく流行っていて、それは、音楽がバーチャルの臨界を突破して、逆転して、やはりみんな一緒にいて盛り上がりたい欲求が吹き出してきたのではないでしょうか。

ではなぜ演劇はそういうことが起きないかと考えると、そもそもバーチャルになれないからではないでしょうか。いくら映像が出回ったとしても、面白さは本質的には伝わらない。バーチャルになりきらないから、反動も起きないのではないか。

そう考えたとき、どうやったら演劇は変わっていけるのか…と思いながら、皆さんの話を伺っていましたが、演劇の場は役者や裏方ばかりでなく、お客さんも「観客」という役を演じているのではないか。そのためにそこにいるのではないか。そういう見方も可能なわけで、役者も裏方も観客も、皆で場を作る、皆でお祭りをやるというコンセプトでお芝居は成り立っているのではないか。少なくとも伝統的にはそういうものだったと思うんですけれど、消費文化が発達したことで、演る人は演るだけ、見る人は見るだけという、一種の分断が起き、演る人も減ったし、見る人も減ったのでは思っています。

演劇は、皆で作り上げる一つのお祭り、イベントだと思うのです。そういうものを膨らませていく、大きくしていく、いろいろな人を巻き込むために、金井さんは伝統芸能、ほかの三人は現代劇がメーンですが、どういうことを考えて、トライしているのかをお教えいただきたいと思います。

裏を見せてこそ観客との価値の共有がかなう

金井　沼須の場合は、普通、舞台が開くと人形がただ出てきて、どういう形になっているか分からない。裏は見せないという決まり事があります。しかし、皆さまが本当に喜ぶのは人形のできる過程ですね。

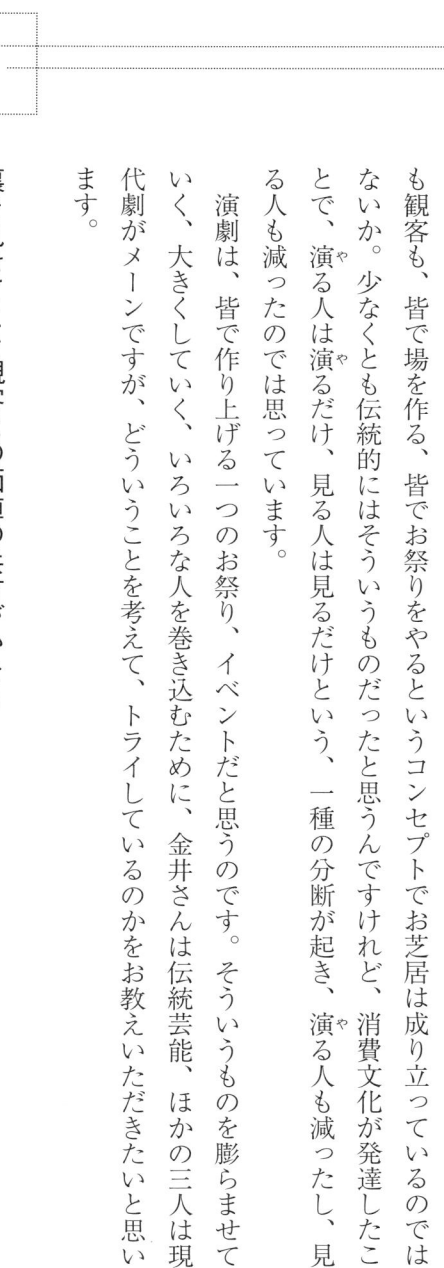

幕間を使って、三番叟（さんばそう）という人形はこういう形で出来ていると見せたり、頭（かしら）を人差し指と中指の間に挟んで、こう動かしますと見せたりする。あるいは実際にやってもらう。そうすると、沼須人形が一人遣いというのに、こういう勝手なのかと、分かってもらえる。喜んでもらえる。言ってしまえば素人芸ですから、文楽にはかないませんが、内容と言うか、実際にはこういうものだと見ていただくと、大きく共感してもらえる。これが郷土の伝統芸能なんですね。演る側だけではなくて、見る側にも共通した価値観、認識を持ってもらうと、一体化できる気がします。それ

で、舞台で演じるだけではなく、裏方や楽屋も見てもらおうということを、やっております。

お客に教わる…一期一会の演劇空間で生まれるもの

中村　私自身がどうして演劇をやり続けているのかというと、一生懸命稽古をして本番を迎えて舞台に立つと、実はみなさんは気づいていないかもしれませんが、不思議なことに、お客さんがいろいろなことを教えてくれるのです。ユングとかフロイトじゃありませんが、集団的無意識が働くのかもしれません、お客さんの方からの風を感じるんです。

そこで、本当にやりたかったことはこういうことじゃないのか。こういうことを伝えたかったのじゃないのか、とお客さんから教えられることがあります。本番が終わった後、あれっ？　私って、そうだったのかな？　と教えられることが多い。

それは〝そう〟としか説明しようがないものですし、そういうものの素晴らしさは実際に一期一会の観客と演者の間でしか生まれないものです。そういう部分に、私は、これからもこだわっていきたいと思うし、先ほどちょっと投げかけをした時に、五月さんから、今、社会風潮がバーチャルだから、一層ライブなものに皆の欲求が高まっている感じがあるとおっしゃってましたが、確かに、そうだと思います。ぜひ、その部分が深いもの、強いもの、広いものになって、いろいろなものが繋がっていくといいですね。

生方　演技や演劇文化に携わることが全てだとは思っていません。まずは演(や)るを育てる見る側をいかに育てるかだと思っています。その環境が群馬では大きく育っていたはずなのに、そこが今ちょっと弱くなっている。つまり、見るお客様をもっと増やす。関心を持ってもらう。

そういう中では、演っている者たちがもっと頑張る必要があるというのが一つの提案です。何が何でも演劇の中に入ってらっしゃいということではなくて、日常の中に演劇があって、ちょっと見に行こうかとか、なんだかこいつらの面倒見てあげようかという気質を持ってもらうと、もっともっと群馬の持つ力が出てくると思っています。その見る側の力をつけていくことが、これからもっともっと必要になっていくのではと思います。

五月　一緒に参加することも非常に面白いことですが、一方で演劇を小学校以来見ていない方がたくさんいます。見る方は何回も見ますけれど、小学校とかでみんなで見て以来、演劇は全く見ていない人たちもものすごくたくさんいて、そういう方たちとどういう風に出会っていくか。演劇の面白さを一緒に発見していけるかも大事かなと思います。

枠組みをほぐしていく、柔らかくしていく

武藤　今思ったのですが、演劇とはこういうものだという枠組みが強すぎると、見る人はずっと見るし、見ない人は見ないとなってしまうのではないでしょうか。僕が、どくんごをすごく好きなのは、そこら辺がいい意味であやふやになっていて、色んな人が自分で面白い所だけを見ちゃう。

固まった枠組みをほぐしていく、柔らかくしていく工夫、伝統芸能でも現代演劇でもできるのではないでしょうか。大仰に壊したり崩したりしなくても、いろいろなトライができるのではないでしょうか。

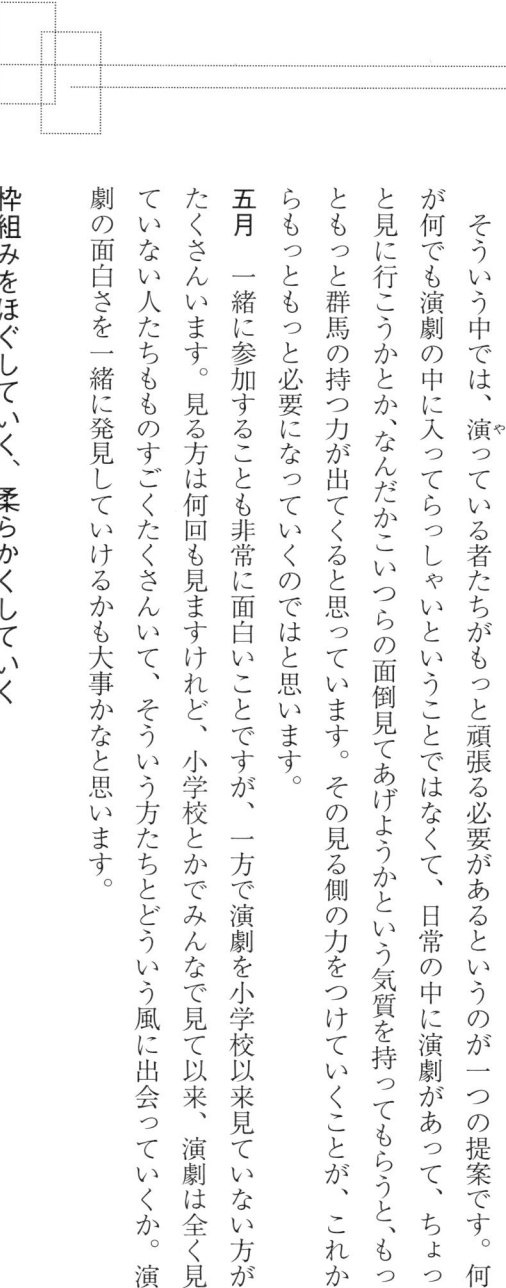

金井さんが言われた、裏を見せるといったこともその一つと思います。それで見方が変わるの

は本当です、僕も、大学の芸術プログラムで能の先生に来ていただいて、仕舞と謡ですが、そのお蔭で、ずいぶん分かるようになった。能と関わりの深い京都の井上流の舞も一層良く分かるようになった。目が変わるというのは、確かに起きる。

ただ見ているだけでも、見方が変わるという意味では、枠組み自体は大きく崩れていないかもしれませんが何が演る側の仕事で、何が見る側の仕事なのか、その境界線は揺さぶられるわけです。これは現代演劇とか伝統芸能とかあらゆる文脈の人に共通することではないかと思います。

熊倉　お話を聞いていて、ふと思いましたが、本質はしっかり持ちながらちょっと柔らかくして人が入りやすくしていくことが大切なのでしょうね。

そのための工夫を金井さんから少し話していただきました。生方さんからは今まで見る環境が結構強かったのに、ちょっと弱っている、それをもう一回強くしていくことが重要ではないかとの問題提起をいただきました。もう少し具体的にお話しいただけないでしょうか。

いつでも何かが見られる環境を今一度強くしたい

生方　芝居をやる環境は、私のところも一年に一回きりです。私が脚本を書くのですが、キャストに当て書きするのにかなりの時間がかかる。一方で会場費はものすごく高い。二百万円以上かけて、一日だけの上演です。

その日に都合が悪いと、また一年やれない。

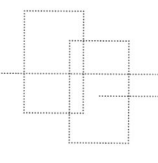

できれば、ここに来ればいつでも芝居が見られる環境の小屋掛けがあれば、皆さんはふらりと寄って、今日は何をやっているか、伝統芸能、現代演劇、舞踊……、寄って、「あれは良かった」

とか「良くなかった」と言える、楽しめる雰囲気ができればと思います。

中村さんが言われたように、役者を育てるのはお客さんです。何だよという雰囲気があれば、我々も心臓をえぐられる。役者を育てる役目をお客様方にお願いする。皆さんがいつでも気軽に来て、演る側も二十四時間練習が出来る会場が許されればと、二十年も前から、そういう要望をだしていますが実現しません。

いろいろなジャンルのものに、皆さんの厳しい目、温かい目を提供いただける、そういう環境を作っていただけると嬉しいと思います。

熊倉　お話を聞いていて思いましたが、かつては劇場だけでなく、喫茶店なんかも、そういう役割を果たしていました。今となると、そういう場は大学でも考えなければならない時かもしれません。とてもいい提言ありがとうございました。

最後に生方さんのお話で気になっていることがあります。「群馬県人は地球規模で物事を考える人が多いから地元のことがなおざりになっている」ということをおっしゃられたように思います。演劇だけではなく、群馬学が考えていかなければならない、かなり基本的なキーワードなので、あえて、もう一度ご説明いただけますか。

生方　そこまで突っ込まれると思わなかったんですが、いろいろな群馬の先人、偉人を調べていると、群馬でになく、東京や他県、海外で大きな業績を挙げる方が多い。新島襄も、群馬ではなく京都に大学を建てる。先ほどの生方誠さんも初代の国家公安委員に選ばれたのは、日本の国土を国際的に見た時にどうしたらよいか、アメリカのことを一番知っているのは生方誠だという話だそうですが、引退した後は何も語らず、読書の時間に充てていた。そこから帰ってこない。ほかにも偉人、政界の話はたくさんあるのでしょうが、なかなか群馬での話がない。一生懸命勉強して、苦労して、先駆者として活躍する方が多いですが、群馬のことをあまり考えてくれないのではないか。僻目ですかね。特に演劇に関しては全く理解がない。二十年くらい前、一公演につき十万円の補助金が群馬県からもらえたのですが、今は全くありません。約十年で終わりました。最初は先進県なのです。ところが、他県が群馬を参考に良くなるのに対し、群馬は駄目になるというか後退してしまう。残念なところです。

熊倉　とても厳しい指摘でしたが、見る側の力とそれを育む環境をどう回復するか。演劇だけではないと思います。文学や歴史もそうです。共通の課題です。そのための基礎を磨き直すのが群馬学センターの一つの宿題と受け止めたいと思います。

会場からのご質問を受けたいと思います。関係者からのエールでも結構です。

会場A　助っ人塾で頑張っています。今回のお話を聞いて、応援したいなと思った方は、帰りに、ぜひ私の方へお寄り下さい。

私自身は、ずっと親子劇場にかかわってきました。ずっと子供たちとお芝居を見てきました。私も年間約百本見ていたのですが、子供の見る力がだんだんなくなってきたように思います。どういうことか。子供たちは感想文を書いてくれます。初めのころは、自分が主人公になった気分で書いてくれていたのですが、このごろは「今日は大変いいお芝居をありがとうございました」の言葉がすごく多くなっている。この子たちは何を見ていたんだろうと思わざるをえない。いま一番がっかりしていることです。

プロの群馬の劇団に、中芸とブナの木がありますが、学校の自由裁量の時間が減り、学校で演劇を見ることもなくなっている。まして、親が子供を連れて行くことも少なくなっている。群響は、子供たちが必ず見ることになっているようですが、お芝居を見る仕組みはなくなっている。ぜひお芝居も、群響と同じように小学校の間に一回、中学校の間に一回と義務づけて欲しいと思うくらい、小さい時から本物を見て感動する心とか想像力を育てて欲しいと思います。今のような状態では、ものづくりという群馬の特徴もだんだん薄れていくと思います。私は、子供たちとおもちゃを作る活動していますが、演劇を見て、参加して、想像する力、ものを作り上げていく力を養ってもらいたいと思っています。

会場B　芝居の国ぐんまを考える上で街道の重要性が取り上げられていますが、江戸から群馬に芝居が流れてきたことについては水運も重要なのではないでしょうか。

横室の衣裳も、利根川の水運で運ばれたと思うんです。お芝居には多くの荷物がありますから、道具などを運ぶのにやはり水運が役立っていたのではと思います。川から少し外れるとお芝居も流れ着いていないのではないか。群馬に芝居が根付いた要因としての水運を、皆さんもう一度考えてみて下さい。当時の水運は現在のハイウェイだと考えて間違いないと思います。

熊倉　まさにその通りだと思います。金井さん、付け加えることがありますか。

金井　おっしゃる通り、水運は貴重なものでしたが、歌舞伎については、福島と会津との繋がりが非常に強いのです。今でこそ会津への街道はありませんが、昔は向こうの人たちは沼田街道、我々は会津街道と言って片品では非常に交流があった。ですから、水運も非常に大事ですが、街道の旅の人たちが残した文化も、同じくらい重視して考える必要があると思います。

熊倉　いま舞台がどんな所に残っているかと分布を考えると、非常に密度の高い所と空白地帯がありますす。それが水運や街道とどう繋がっているのか、その地域の人の暮らしとどう繋がっているのか、どうも養蚕だけではないと分かってきているので、これはとてもいい宿題をいただいたと思います。

演劇ではありませんが、群馬の高校ミュージカルをリードしてきた方が会場におられますので、いかがでしょうか。

会場C　ご指名光栄です。前橋女子校、太田女子校で、長いことミュージカルを手がけていた者ですけれども、この会場でも若い人は少ないですね。江戸時代に百も二百も歌舞伎をしていたというのは聞いて、驚きました。そんなに数があるとは知りませんでした。昔の方が文化水準が高いと正直思いました。

高校の現状を見ると、文化部が減っている。運動部だらけです。運動はもちろん結構ですが、文化部がこんな状態では将来危機的なことになるのではないか、スポーツの弊害が出てこなければいいけれどと思っています。

特に私は、長年ミュージカルをやってきて、子供の教育に最高だと思っています。やることがたくさんあります。私は昔から合唱をやっていますが、それよりもはるかにやることが多くて、身体能力も問われるし運動的な面もあります。演劇をされている方が多いようですが、正直、演劇よりもミュージカルの方がとっつきやすいというか、若者にアピールする要素は大きいと思います。ですから、それも盛んにしていけたらと思います。

中村　今のお話でスポーツの弊害とありましたが、県民健康科学大学で二十歳前後の学生さんと演劇をやると、今の若い子って、足を曲げて伸ばすだけでグラグラしちゃうんです。足首が固いというか、足の裏で地面をしっかり掴むことが出来ない。足を揃えて膝を回すだけで倒れちゃう。ところが、子供のころには水泳、サッカー、野球などはやっている。スポーツはやっているけれど、取っ組み合いとか、相撲だとか木登りするとかがなくなると、人間の体はこれからどうなってしまうのかと感じることがあります。

熊倉　武藤さん、舞踊の専門家として何か答えがあるんじゃないでしょうか。

武藤　僕はスポーツは嫌いで、踊りもしないのですが（笑）、子供のころからスポーツをやっていたのに屈伸もできないというのはどういう状況なのか。謎というか、興味深いですね。どう教育したら、そんなアンバランスな形になるのか。体育教育の分野で解明してほしい気がします。

熊倉　上手に逃げられました。それでは、五月さんから一言ずつみなさんにアピールを残して、閉じたいと思います。

五月　やはり見ていただくことです。ぜひテントまで足を運んで下さい。

武藤　この後、学生がロビーでチケットを販売しておりますので、お求めいただければ幸いです。

生方　長時間にわたって、お聞き下さいましてありがとうございました。今夏、前橋市民文化会館大ホールで三十周年の記念公演をいたします。この記念公演には夢があります。奈落から飛び出たいという思いがあります。たった一日の公演ですが、三時間近いロングランです。キャスト十九人、スタッフを入れると約五十人の大舞台になります。ご覧いただければ幸いです。

中村　二十数年前、心細い思いをして群馬に来ましたが、今、非常に充実した毎日を送っています。生方さんはじめ、たくさんの諸先輩の背中を一生懸命追いかけてきた結果だと思います。その前には、金井さんのように人形芝居をやっている方や上三原田の歌舞伎舞台を支えていらっしゃる方がいる。本当に群馬の地域のお蔭だと思っています。今後もよろしくお願い致します。

金井　先ほど先生方から年配者が多いとの話が出ました。私から言わせるととんでもありません。あけぼの座には八十歳くらいの方が入ってきます。七十でしたら若手です、八十から人形をやって、九十くらいまで現役です。体を全部使うので痴呆になりません。平均年齢九十くらいまで人形は出来ます。今日ご参加のみな様の平均は六十くらいでしょうか。あと三十年出来るので、入座していただければ、十分指導いたしますので、よろしくお願いいたします。本当に今日はありがとうございました。

武藤　長時間にわたって勉強させていただきました。先ほど、水運と芝居小屋の関係の話が出てきて、すごく面白いと思いました。そういう歴史的な研究は、どうやったら将来に繋がるのかなと考えていましたが、そもそも水運とは何だったのか。それは、情報回路とも流通経路とも言えます。全くの宿題ですが、刺激的なお話をありがとうございました。

熊倉　ちょうど四時に終わりました。芝居で言えば台本通り進んだということでしょうけれど、舞台に上がってシンポジウムを演じてくださった方々、準備のためにお力をいただいた方々、何よりも会場に足を運んで、生方さんたちの言葉を使えば我々を育ててくださった方々のお蔭で一つの舞台が幕閉めとなりました。多くの宿題をいただいて、次の〝公演〟の課題をいただき、まことにありがとうございました。

第25回
群馬学
連続シンポジウム

県令・楫取素彦 ―薫陶と遺産―

平成二十五年十月二十六日（土）十三時～十六時
群馬県立女子大学講堂

記念講演

楫取素彦に学び受け継ぐべき事

老幼、路を遮り留まることを乞う

楫取素彦顕彰会会長　中村　紀雄

皆さん、こんにちは。今日の社会は国難の時と言われておりまして、ある意味で明治維新前の幕末とかなり似ているのではないかと思います。

楫取素彦のお話をさせていただきますが、私たちは名県令ということで漠然と楫取素彦のことを承知しているのではないかと思います。

後ほど、濱口先生の方から楫取功徳碑の話が出ると思いますが、楫取功徳碑には、次のような一文が刻まれております。

楫取　素彦

去るに臨り、老幼、路を遮り留まることを乞う。送る者数千人。

これは、楫取が県令を辞して去って行く場面ですが、このように言われた県令、つまり知事は、日本広しといえどもないと思います。

なぜ名県令と言われるのか。それを理解することによって、楫取素彦の県令としての業績も正しく評価出来るのではないかと思います。

楫取の原点…幕末、長州での生き様

楫取素彦の前半生ともいえる幕末、長州を中心とした生き様が県令・楫取素彦のルーツ、原点です。そこで、楫取素彦を知るために必要な範囲でルーツに戻ってお話をさせていただきます。

楫取素彦はもとは小田村伊之助と申しまして、伊之助が活躍した若い時期は、まさに内憂外患の大変な動乱の時代でした。

そうした時代の中で、楫取素彦は吉田松陰と非常に関わりの深い人です。同じ長州の萩という小さな町に生まれました。萩は、近代日本を生み出すエネルギーを生み出したとも言える所です。二人には幾つかの共通点がございます。

ほぼ同じ年ですが楫取の方が一つ年上であります。また次男で、昔は長男が家を継ぐので、優秀な次男は他家に養子に参りました。楫取も儒学の家に養子に入り、吉田松陰もまた学問、兵学の家を継ぐことになりました。二人はその学問を徹底的に学んで、また藩校である明倫館で教え、松下村塾で深く関わる学者であり教育者でありました。

単なる教育者ではなく、志士でした。国家を思い行動をもって示す高い志を持った侍を志士と言いますが、彼は自分の学問を行動をもって示したのです。私の表現ですが、行動的な教育者でありました。

大変な時代でしたから、楫取と一緒に生きた多くの同志が若くして非業の死を遂げています。吉田松陰がそうですし、高杉晋作、久坂玄瑞、いろいろな歴史上の人物が楫取と行動を共にし、若くしてこの世を去りました。

そういった中で楫取素彦は生き延びて新しい世界に立ち現れました。つまり、群馬にやってくる訳です。

松陰と並ぶ行動的な教育者

楫取素彦が単なる学者でないことを幾つかお話しさせていただきます。嘉永六（一八五三）年という年は、楫取素彦にとって大変な年でありました。長州の藩士で優れた若い人たちは江戸で学問の修業をしていて、吉田松陰も楫取素彦も江戸で修業し、あるいは親しく付き合って、お互いに刺激しあっておりました。二年の修業の期間を終えて、楫取が帰藩しますと、いろいろな人生の一大事が待ち受けていました。それは吉田松陰の妹・寿との結婚でした。

楫取二十五歳。吉田松陰は非常に喜んでおります。松陰は妹のことを激しい性格と表現しておりますが、大変聡明で気性の激しい、そして面影もどこか松陰に似ています。そういう性格だからこそ、楫取素彦を本当に命がけで支えられたと思います。

　このように、楫取は萩に帰りますが、その後も吉田松陰は江戸に残ります。ここで大変な出来事が起こります。黒船の到来です。鎖国の夢を貪っていた日本人にとっては青天の霹靂でして、日本中が蜂の巣をつついたような騒ぎになりました。

妻の寿

　それで、皆さん御承知のように、ペリーは大統領の国書を渡して翌年また来るといって去りましたが、翌年約束通りやって来て、実際にその姿を目の当たりにした松陰は本当に脳髄に鉄槌を浴びるような衝撃を受けて、意を決して、この黒船に乗り込むわけでございます。百聞は一見にしかず、敵を知らずして勝つことは出来ない、と。松陰は山鹿流の兵学の実践者でしたから、そのように考えて黒船に乗り込みましたが、目的を果たせず、自首をして江戸の牢屋に入れられて、萩に送られて、藩の獄、野山獄（のやまごく）に入れられました。そして何年かの後に安政の大獄が始まり、改めて江戸に引き出されて首を切られるわけですが、ここで大切なことがございます。

　それは、萩を去る時に大切な言葉、孟子の言葉を楫取素彦に書いて残しました。

　　至誠にして動かざる者　未だこれ有らざるなり。

真心を尽くして感動しない人はいない。これは、学んだことを実行するという吉田松陰の信念

中村　紀雄

で、松陰の生涯を支えた価値観です。これを楫取に残していくわけです。それで、楫取はこの言葉を携えて、群馬にやって来ることになります。

もう一つ、楫取が単なる学者ではないことを示す事実、大変な死の淵に立った出来事を申し上げます。それは第一次長州征伐の時のことです。幕府は長州を懲らしめるために攻めます。そして長州は敗れます。

敗れた長州は藩内で大きく意見が分かれました。幕府に恭順する立場と、それに反対して自分たちの立場をできるだけ貫きたいという立場です。楫取は反恭順派でした。恭順派が勝利し、楫取の兄の松島剛蔵（まつしまごうぞう）は首を切られますし、楫取もまた牢屋に入れられました。兄が処刑されるのを見て、自分もこれは危ないと覚悟し、楫取は妻に遺書を書きました。その遺書の中に教育者・楫取の心を表す部分があります。「自分はこれからどうなるか分からない。二人の子供たちをしっかり育ててくれ。貧しさに耐えることをしっかり教えてほしい。そして、ここに私の蔵書がある。大切な蔵書である。それにはいろいろな書き込みがある。子供たちがものが分かるようになったら、その書き込みのある蔵書を子供たちに示せば、子供たちが、いかに自分が学問に打ち込んだか分かるだろう。それを示してくれ」と妻に言い残しています。

幸いにして高杉晋作の挙兵により楫取素彦は無事に外に出ますが、そういう動乱の時代を生き抜き、世の中が移り、明治維新になり、近代国家が生まれ、そして群馬に県令としてやって来ることになりました。

そのような経過から、楫取は、松陰が果たせなかった夢を群馬で果たそうという決意で、松陰の妹・寿と共に群馬にやって来たのです。

教育―人づくりを県政の基本に

楫取は群馬で何をやろうとしたのか。限られた時間の中なので、三つだけお話ししたいと思います。

一つは、もちろん教育です。新しい世の中は、今までの武力の時代ではなく、知の時代、人づくりの時代になる。ゆえに教育が基本であると、楫取は群馬の教育に心血を注ぎます。就学率は上がり「西の岡山・東の群馬」と言われるほどになります。

そして楫取が教育に打ち込んだ大切な点は、道徳教育にあったと思います。当時は文明開化ということで、新しく開国をしてヨーロッパの文明がどっと入ってきて、その優れた文明・文化に度肝を抜かれた時代なので、やむをえない面もありましたが、学校教育においても、ヨーロッパの新しいものばかりを教える傾向があり、肝心なものが失われるのではないかと、楫取は憂いました。そういう中で楫取は『修身説約（しゅうしんせつやく）』という道徳の教科書を自ら序文を書いて編纂させ、これは道徳教科書として、全国で使われるようになりました。

富岡製糸場を守り、生糸直輸出を振興

第二は、殖産興業の時代にあって、開国以来、ブランド商品として、大変な勢いで輸出品の中心を占めていた生糸の生産と輸出を大いに推し進めたことです。

鎖国を続けていた日本が、外圧によって港を開くことになり、貿易を始めますが、欧米の列強と比べて日本は産業革命も達成していないので、輸出できる品物はごく限られていました。輸出品の約八〇パーセントは生糸で、中心は群馬の生糸と言われております。

とくに前橋の生糸はブランド品でした。前橋には既に廃藩置県の前に器械製糸場もあったのです。そのように生糸産業が非常に広がっていることを土台にして、群馬の産業を発展させようとしたのが楫取でした。

楫取が赴任するのは明治九（一八七六）年のことですが、前橋藩は既に明治四（一八七一）年に日本で最初の器械製糸工場を建てていました。翌年の明治五年に富岡製糸場ができました。上毛かるたでは「日本で最初の富岡製糸」ですが、厳密に言うと前橋の方が早い。官営の大規模なものという意味では富岡ですが、前橋の方が早い。いずれにせよ、日本の器械製糸は群馬から始まりました。

話が少し飛びますが、明治十二～三（一八七九～八〇）年になると、明治政府は、官営模範工場としての所期の目的は達成されたと、富岡製糸場を民間に払い下げようとしますが、規模が大きいためになかなか手を挙げる人がいない。赤字もかさみます。そこで、明治政府はこれを閉場して壊そうというところまでいきましたが、それを止めたのが楫取でした。もう暫く官営工場とした方が日本の生糸産業の発展のためにもいいのだから、今壊すことはないと嘆願書を書き、そのために壊されずに済んだのです。楫取の行動がなければ、富岡製糸場の世界文化遺産登録も、あるいはなかったかもしれません（平成二十六年六月二十一日正式登録）。

話は戻ります。楫取は明治九（一八七六）年、第二次群馬県最初の県令としてやって参りまして、今お話したように製糸業を近代産業としてもっと発展させようとしましたが、当時の日本は、まだ外国貿易に慣れておらず、仲介の外国企業、外国人バイヤーに甘いところを全て取られてしまい、思うように利益を上げられないでいました。それが群馬県の製糸業にとっても大きなマイナス点になっていました。

それで、直接アメリカに渡って販路を開拓しようとの動きが始まります。楫取は強くそれを支持しました。

先ほど、お話しした前橋の器械製糸場で学んだ実業家に星野長太郎（ほしのちょうたろう）という人物がいます。彼は後に県会議員となり、副議長まで務めます。その星野長太郎の実弟に新井領一郎（あらいりょういちろう）という人物がおりました。

名字が違うのは養子に行ったからです。新井領一郎は英語を話すのも得意ですから、アメリカへ渡ることになりました。そして横浜を出発する日が近付き、兄・星野長太郎と共に、県令夫妻の所に挨拶に来ると、楫取の妻・寿が錦の袋に包まれた細長いものを持ってきて「これは兄、松陰の形見です。これには兄の魂が込められています。海を渡ることによって兄の魂は救われますから、どうかこれを持って頑張って行って下さい」と渡します。

明治の初めに外国へ単身渡ることは、想像を絶する大変なことでした。大変な勇気が必要でした。そういう時に楫取夫妻、とくに寿夫人の行動により、新井領一郎は勇気百倍と奮い立ったに違いありません。

これは私の考えですが、商人であっても、ビジネスであっても、真心が何より大事だと楫取は伝えたに違いありません。義兄の吉田松陰は「至誠にして動かざる者　未だこれ有らざるなり」、真心を尽くして相手に感動を与えないということはないとの言葉を楫取に遺してこの世を去りました。言葉も習慣も人種も違うアメリカに渡っても、同じ人間で温かい血を通わせているのだから、その真心を胸に大切にして頑張ってくれ、と言ったに違いありません。その通りに、この人は命がけで頑張って、大変な信頼を獲得して成功しました。

県会と手を携えて廃娼運動を領導

第三は廃娼運動です。虐げられた女性を解放する運動のきっかけを、県会と手を結んで断行しました。

当時、群馬県には街道が多く発達していた関係もあり、宿場や遊廓が発達。飯盛女・遊女・女郎と言われた、虐げられた人たちがおりました。

明治の新しい空気の中、これをなくそうとの運動が起こりました。ここで注目すべきは新島襄です。新島襄がちょうどアメリカから帰国して安中に帰り、周りの人々にキリスト教を布教します。新島襄の教えを受けてクリスチャンになった人に湯浅治郎がいました。今も大きく商売をされている、有田屋という味噌醤油醸造業の家に生まれた人で、幅の広い活動をされましたが、県会に入って廃娼運動の中心になります。

議会で廃娼を主張しても一概には進みませんでしたが、貸座敷として存続していた女郎屋や廓、公で認められていた廓を段々縮小していこうとの意見を議会でまとめます。

それには楫取も注目していました。道徳教育を進める楫取にとって、廓の存在は、子供たちへの教育の非常な妨げでした。子供がなにかというと廓ごっこをしたという話もあります。また、近代産業を進める上でも、廓のあるところには市が立たないと言われました。若人たちは額に汗して働くよりも、欲望享楽に走ることに夢中にり、勤労の精神も蝕まれていた。これはどうしても改めなくてはいけないと楫取は考えました。

松陰と共に、萩の松下村塾などで、身分に隔てなく人間は平等だという信念を培っていた楫取は、議会の動きと呼応して進めたいとの決意を持っていたわけです。

そして楫取は、明治十五（一八八二）年、議会でまとめた廃娼の議決を実行に移しました。ただ、ただちに実行と言っても社会政策的な裏付けもなければ、実現出来ない。明治二十一（一八八八）年六月の施行との猶予を与えて、廃娼を進める、つまり公娼制度をやめるとの廃娼令を出しました。

楫取はその実現を見ないで途中で去って行きましたが、廃娼のレールを引いた、基礎を築きました。その後、廃娼運動は全国に広がりました。日本で最初の廃娼県の糸口、きっかけを作ったということで、群馬県は廃娼運動の金字塔を打ち立てたと言われております。

このことは、人権、つまり人間の保障されるべき権利、特に女性解放ということで、今、改めて見直すべきではないか、注目すべきことではないかと思います。

このような動乱の中、血で血を洗う社会の中から生き抜いた楫取が群馬県に現れて、以上の業績を挙げました。今、改めて私たちは楫取の姿を見直すべきだと思います。

私は、この楫取素彦のことを一人でも多くの人に知ってもらいたい、今、改めて見直してもらいたいと考え『楫取素彦読本』を書きました。この本を読んでいただき、もっと楫取を広めようというのが楫取顕彰会の一つの目的です。実費頒布一冊三百円です。前橋の小中学校では、全員が読むようになっております。皆さんもぜひお持ち帰りになっていただき、私の話の足りなかった部分を補充していただければ幸いです。最後が演壇の上からの宣伝となってしまって甚だ恐縮でございますが、ご清聴ありがとうございました。

問題提起1

前群馬県令楫取素彦君功徳碑に見る教育者としての楫取素彦

群馬県立女子大学学長　濱口富士雄

楫取素彦功徳碑

私からは、前橋の県庁裏の高浜公園にある楫取素彦の功徳碑を読み解くという形でお話しさせていただきます。相当の長さなので、今日は教育に関連した部分だけをお話しさせていただきます。

功徳碑の三分の一を占める教育事績

お手元の資料をご覧下さい。活字に起こしたものを用意しました。太字の部分が、楫取素彦の教育に関する事績を記した部分となります。

前群馬縣令楫取君功德之碑（篆額）

前群馬縣令楫取君功德之碑　　參謀總長兼議定官陸軍大將大勳位熾仁親王篆額

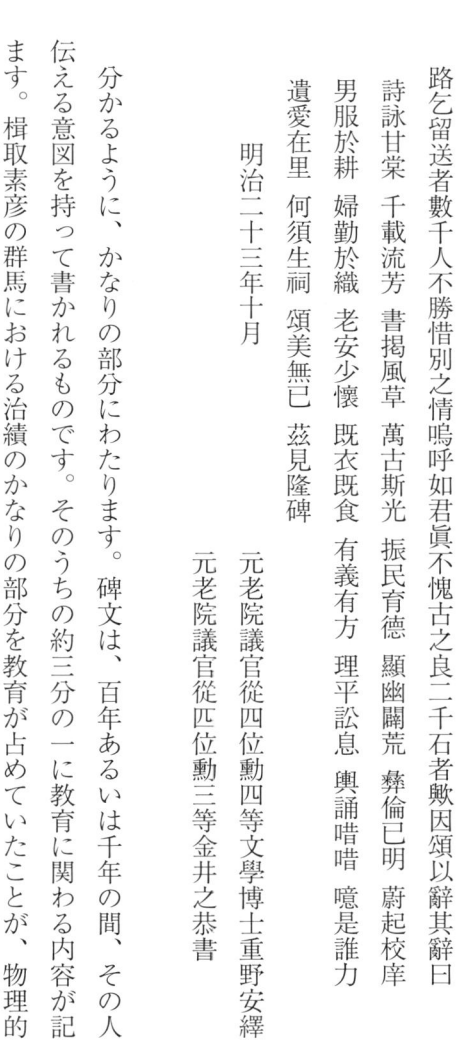

今元老院議官楫取君之令于群馬縣也勤儉以涖下忠誠以奉上休養民力宣布德敎風移俗易
君已去而士民翕然謳唫弗已於是合辭謁豫以功德之碑爲請且曰上野自古稱難治其民剽悍
輕佻臨事躁急無老成持久之實君初至首張學政以示敎化之不可忽而世方模仿泰西學術專
偏於智育加以剽輕之俗其極竟爲虛誕妄進犯上凌長之風漸長君病之導以忠厚質實痛矯其
流弊無幾朝議更革學制以德育爲最智育體育次之略如君所經畫衆始服其先見焉十二年學
制復變世謂之自由敎育君固執不可既而地方敎育果然解體君獨免其害官亦卒復舊制凡君
之於學事以身率先毎郡吏詣廳必先問學事然後及他郡吏亦至以其興衰爲喜戚君又用心於
農桑謂富強之術在殖國產縣尤以養蠶稱而繭絲輸出海外者悉假手外人不能自往市易其利
多爲外人所壟斷君募縣民有材幹者投私財助其資航海直輸群馬繭絲之名頓噪海外邦人直
輸實發端於此矣其他設社倉以諭蓄積之急務奬勵醫學以拯縣民之疾病搜訪古蹟以彰先哲
之逸事諸如此類不一而足曾過邑樂郡大谷林者松樹欝茂連亙數十町昔時上杉氏遺臣大谷
休伯所手植也君乃自往見其遠孫某於一陋屋中稱以祖先功勞旁觀者爲泣下又言君之在任
十餘年居常儉素出入不駕車馬家惟修繕舊屋耳而居之晏如縣民慕君如慈父母臨去老幼遮

路乞留送者數千人不勝惜別之情嗚呼如君眞不愧古之良二千石者歟因頌以辭其辭曰
詩詠甘棠　千載流芳　書掲風草　萬古斯光　振民育德　顯幽闢荒　彝倫已明　蔚起校庠
男服於耕　婦勤於織　老安少懷　既衣既食　有義有方　理平訟息　輿誦唶唶　噫是誰力
遺愛在里　何須生祠　頌美無已　玆見隆碑
明治二十三年十月　　元老院議官從四位勳四等文學博士重野安繹撰
元老院議官從四位勳三等金井之恭書

分かるように、かなりの部分にわたります。碑文は、百年あるいは千年の間、その人の事績を伝える意図を持って書かれるものです。そのうちの約三分の一に教育に関わる内容が記されています。楫取素彦の群馬における治績のかなりの部分を教育が占めていたことが、物理的な分量のみでも分かります。

その部分を改めて書き下した文でご覧ください。番号がつけてある理由は、後で申し上げます。

濱口　富二雄

③且つ曰はく、上野（こうずけ）は古へ自り治め難しと称し、其の民剽悍（ひょうかん）軽佻にして、事に臨んでは躁急、老成持久の実無し、と。

①君初めて至るや、学政を首張して以て教化の忽（ゆるがせ）にす可からざるを示す。

②④而るに世は方（まさ）に泰西の学術を模倣し、専ら智育に偏る。

③加ふるに剽軽の俗を以てす。其の極は竟（つい）に虚誕妄進を為し、上を

犯し長を凌ぐ風漸く長ず。
⑤君、之を病み、導びくに忠厚質実を以てし、痛く其の流弊を矯む。
⑥幾ばくも無く、朝議、学制を更革し、徳育を以て最と為し、智育・体育之に次がしむ。略君の経画する所の如し。衆始めて其の先見に服せり。
⑦十二年、学制復た変はり、世、之を自由教育と謂ふも、君固執して可とせず。既にして地方の教育は果して然り、解体す。
⑧君独り其の害を免れ、官も亦た卒に旧制に復す。凡そ君の学事に於ける、身を以て率先し、郡吏の庁に詣る毎に、必ず先づ学事を問ひ、然る後に他に及ぶ。郡吏も亦た其の興衰を以て喜戚と為すに至る。

番号を付けた理由は、次に示す『楫取県令引継書』の記載とかなりの部分で一致するからです。これは、楫取素彦が県令を辞して去る時に、県令としての自分の事跡を整理し、次の県令に、こういうことを注意してもらいたいと書き付けたものと理解いただければいいと思うのですが、その引き継ぎ書の内容と功徳碑の内容とが照応していると判断して付けた数字です。同じ数字の所が相対応していると見て、お比べいただければ幸いです。

①明治七年七月赴任以来、施策上教育の事項、数々変革枚挙に遑あらず。
②是れ皆時勢の変遷、朝旨の赴く所に遵ひ施行せるに由ると雖も、地方民俗に就て、聊か愚意を加ふるものなきにあらず。

③抑上毛地方の風俗たる、従来兇暴無頼の徒多く、往々治度徳化に嚮はず、維新後と雖も、尚其悪風を免れず。是本県治政上の一難事たり。

④尚事小学一般の教科を按ずるに、大抵工芸技術の学に偏傾し、未だ徳義の道を講ずるものなきが如し。

⑤是に於て特に修身に資するの書を加へ、彼の悪風を薫化し、良俗たらしめんことを企図せり。

⑦其後教育令発布に際し、世上自由教育等の説行はれ、人心大に惑を生じ、卒に学事衰退の状を現はせり。

⑧然れども本県は之を放任に附せざるを以て、甚だしき弊害あるを見ずして、該令改正に至り、復学政の紀綱大に張り、定例規則の如き周到精密、教科は修身を旨とし、工芸技術の学之に次ぎ、加ふるに体育術を以てせり。爾来教育の方向一定し、事業の順序、施設の方法等は、稍緒に就くを得たり。

実情を実証的に研究して根本的に対処する

引継書の方から見ていきます。「抑(そもそも)上毛地方の風俗たる、従来兇暴無頼の徒多く、往々治度徳化に嚮(むか)はず、維新後と雖(いへど)も、尚其悪風を免(まぬが)れず。是本県治政上の一難事たり」という記述から始めております。

群馬県、あるいは群馬県民の立場からすると、いささか言い過ぎではないかと思われる記述ですが、実は、ここが大事なことではないかと思います。

先ほど、楫取は松下村塾で学び、また教えたというお話がありましたが、萩の藩校としての明倫館は、いわゆる士のみの入学が許されるのに対し、松下村塾の方は身分を問いません。

その考え方の基本に、陽明学がある程度おさえられているかと思います。吉田松陰も陽明学を自分の学としている。陽明学というのはどういう学かと言うと、いわゆる「心即理」、心にこそ理が存在するという立場です。さらに申しますと「満街の人、これ全て聖人なり」という言い方をしています。「満街」というのは、全ての街中の人々ということです。全ての街中の人々は、全て聖人であるということが陽明学の基本となっています。

朱子学は、学問を積んで、しかるべき徳を積み上げてこそ初めて君子になる形です。江戸幕府の昌平坂学問所に代表される、士農工商の身分制度を肯定し、あるいはそれを推進し、さらに徳の高さがいかなるかによって人間の身分上、あるいは人格上の差異を設けることは当然という立場です。それに対し、陽明学の基本には「満街の人、これ全て聖人なり」という発想がありました。ですから、先程のお話にあったように、全ての人に対し、同じ眼差しで見ようという姿勢がありました。

そのためには何が必要かと言うと、あらゆるものを実証的にきちっと研究する、という姿勢が出てきます。吉田松陰が黒船に乗ってということも、兵法の考え方もありますが、実は、あらゆることを実地的に検証したいという、陽明学の基本的な姿勢を受け継いでいると考えられます。と、なると、いささか言いすぎではないかと見られるこの部分は、実は、群馬県の県令として赴くに当たって、群馬県を表面的に見るのではなく、実証的にきちっとおさえる。要するに、現実をおさえない分析では実質的な政治は出来ないという考え方です。極めて実証的に研究し、その実証的に研究したことを踏まえ、根本的な対処をしなければ問題は解決しないという姿勢です。

群馬県におけるあり方を、赴任早々きちっと位置づけた言葉として理解すれば、あながち県民に対して悪意を持った言葉ではないと理解できる。また、楫取素彦の施政上の意識もこのようであったと分かります。

功徳碑の「且つ曰はく、上野は古へ自り治め難しと称し、其の民剽悍軽佻にして、事に臨んでは躁急、老成持久の実無し」に通い合う内容です。功徳碑は、重野安繹という博士が記した言葉ですが、内容としては通い合います。実は、この内容は、太田の大光院にある故信講碑に、徳川家康が呑龍上人をなぜ住職に据えたかという理由として「家康人に謂ひて曰はく、上野の俗強梗を尚べば、其の民をして帰依せ使むるに、豪傑の資に非ざれば則ち不可なりと、乃ち上人を挙ぐ」とある故事を踏まえていることになるのではないかと思います。江戸時代以来このような気風があったと書かれていることを踏まえています。

先走りの理想主義に流れることなく

そのような流れと、実証的な研究を踏まえて、群馬県ではいかなる教育が必要なのか、また教育とはどうあるべきかを、楫取は非常に深く考えました。

それが引継書の次の部分です。「尚事小学一般の教科を按ずるに、大抵工芸技術の学に偏傾し、未だ徳義の道を講ずるものなきが如し」。要するに、群馬県ではどうも実学、いわゆる実用的な学問が尊重されていて、いわゆる道を尊ぶ徳育において、やや欠けているのではないかという考え方を示しました。

明治四（一八七一）年に文部省が設置されます。そして急激に学校の近代化を図ります。その近代化の基本となったのが学制です。教育のスケジュールまたはプランです。そのプランが、極めて近代的な、明治の初期にしてはあまりにも出来すぎたものであったため、日本国家全体に、この教育制度を施行することは出来なかったようですが、志として、全ての国民が、小学校に通うという理念で学制が施行されることになりました。

ただ、その時の教材がヨーロッパの教材をそのまま写したようなものだったため、日本の風土に合わない、日本の国情に合わない部分があったことに対する反省がありました。引継書に「尚事小学一般の教科を按ずるに」とあるように、問題になるのが当時の小学一般の教科書です。

そこで「是に於て特に修身に資するの書を加へ、彼の悪風を薫陶し、良俗たらしめんことを企図せり」。「修身に資するの書」が後の話でも出てまいります『修身説約』です。功徳碑では「君、之を病み、導びくに忠厚質実を以てし、痛く其の流弊を矯む」に当たると思います。楫取がどのような教育が必要と考え、教材開発に対しても理解を示していたことになります。

その後、功徳碑にあるように「幾ばくも無く、朝議、学制を更革し、徳育を以て最と為し、智育・体育之に次がしむ。略君の経画する所の如し。衆始めて其の先見に服せり」となったのですが、瞬く間に変更。引継書⑦で「其後教育令発布に際し、世上自由教育等の説行はれ、人心大に惑を生じ、卒に学事衰退の状を現はせり」となります。明治十二（一八七九）年のことで、学制を改革し、教育令が発布されます。

楫取素彦は教育令を「世上自由教育の説行はれ、人心大に惑を生じ」と、かなり否定的な立場を取っていますが、現代の教育学の立場からすると極めて民主的な教育説でした。ところが、残念なことに、日本全体の民度がまだそれを受け入れるだけのものではなかった。日本の隅々に至るまでの経済力が、それを受け入れるものになっていなかったため、やや理念が上滑りして、自由教育だから何でもいいんだという、非常に問題のある状態になってしまいました。

ですから楫取は、決して自由教育が悪いというのではなく、自由教育は当時の日本の国情からまだ乖離している、あまりにも時代を先取りした形であるということの弊害を指摘していたのではないかと思われます。

そして、引継書⑧、「然れども本県は之を放任に附せざるを以て、甚だしき弊害あるを見ずして、該令改正に至り、復学政の紀綱大に張り、定例規則の如き周到精密、教科は修身を旨（むね）とし、工芸技術之（これ）に次（つ）ぎ」と、また次の教育改正令が行われます。その結果、教科の一番初めに修身・道徳が置かれ、やや楫取素彦の構想した方向に教育の流れが進んでいきました。

まとめると、楫取の群馬県における教育のあり方は、現実を極めてよく分析し、状況にあった教育を敷いていこうとの考え方だったと思います。そのためには、とにかく実利的なもの、実用的なものだけに走る風潮を矯めて、人間性の確立というか、人材の確保を求めて、『修身説約』のような方向に教材開発を進めていったのではないでしょうか。

離任後も群馬の教育に思いを託し続けた人

先ほど「行動する教育者」という言葉が出ました。楫取は、根源は学者であり、非常に優れた漢文の書き手であり、書も実によく書きました。元老院議員になった後も、群馬県のこと、群馬県の教育についてさらに思いを深めていたようです。

三例だけ示します。高崎市本郷、旧榛名町の本郷神社境内に、いわゆる郷学（ごうがく）の先生で、安中藩の藩校の教授もされた佐々木愚山の墓碑があります。

碑文の一部を引くと「余、地方官を以て上毛の州に在ること十年なるも、未だ篤学力行愚山翁有るを知らざりき」。後になって告げられ、自分はこのような優れた人材がいたということを不明にして知らなかったとの思いから始め「其の子弟を導びくや、道義を原ね、軽佻浮薄を禁ず。是を以て門下生徒往々人材を出だす。其の家に在るや、倹素自ら奉じ、尤も奢侈の風を悪み、人と接するには信義を尚び約束を重じる。苟も非行の徒有らんか、侃侃として攻撃し、仮借する無し。家庭の間、子女を訓誡するも亦た厳なり」「嗚呼、県内篤学に翁の如き人有れども、而るに之を知るに及ばず、慚悔豈に謂ふ可けんや」「翁の徳は譲らず、古の郷先生に」と、この方の教育事跡を中心に顕彰の碑文を書いています。

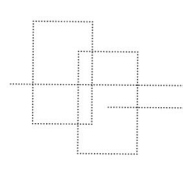

二例目は持木翁紀功之碑です。前橋市の総社にあります。群馬大学教育学部の前身である師範学校の初期に学んだ人です。「古の所謂郷先生なる者は、子弟其の教へに服して徳郷党に及び、間不良の者有るも風を聞きて自ら慚じて以て其の行ひを悛むるに至る。是を以て其の死せるや、一郷挙って之を祀り、歳時薦を奠きて、百世絶へず、報酬の意至れり。今之を時人に求むるに、持木翁豈に其の人なるか」「翁夙に学に志し、江戸に遊び、太田元齢の門に入り、又た書法を大竹蒋塘に問ひ、側ら樋口氏を師として撃剣を演じ、皆得る所有り。既にして郷里に帰へり、徒を集めて教授し、子弟の業を受くる者数百人なり。明治の初、官学制を布き、各地方をして師範校を設け令むるに、熊谷県暢発校を創りて師範生講習所と爲し、翁首めて校に入り、日夜孜孜として勉学して衆を超へ、卒業して教員と為る。明治十五年、小学訓導に補せられ、教育に従事すること前後十八年。地方庁其の労を賞して、賜与する所有り。翁は徳器温粋にして、尤も心を教育

に単(あつ)くす。子弟の貧くして就学する能はざる者有れば、則ち資を給し或いは教科書を与ふ。其の他翁の力を籍(か)りて其の志を達せし者は幾何なるかを知らざるなり。嗟夫(ああ)、翁の如きは古の郷先生に愧(は)ぢざる者と謂ふ可きなり」。同じく、自分はこのような人の事跡についてよく知らなかったために、改めて話を受けてと、顕彰の言葉を書いています。

三例目は、渋川市にある千明(ちぎら)翁之碑です。「上毛の国の白郷井(しろさとい)村は、利根川に瀕し、伊香保山を背とす。人烟稀少にして、山間一部落のみ。然れども往往学者を出だす。余意ふに、昔時、率先して之を誘導する者有るに非ざれば、烏(いず)んぞ能く此くの如くならんや。頃日(このごろ)、木暮氏村民に代はりて余に謁し、千明翁の碑文を徴す。余是に於いて其の学者を出だすは、果して翁の遺風に由るを知れり」「年二十五、闔村(こうそん)推して里正と為す。翁事を視し暇、家塾を開き、子弟に教ふ。一時、翁の門に多才の称有り」。木暮旅館という旅館が伊香保にありますが、そこの先々代、さらにその先代くらいでしょうか。国会議員にもなられた方が、その方が、楫取に対して渋川にもこういう人ありとして、その事跡を伝え、それに拠ってまとめたものです。

なかなか石碑を見る機会はないでしょうが、このように、県令を辞した後も、群馬県の教育において優れた人がいると伝えられれば、労を厭わず漢文の碑文を書いていたことを知っておいて良いのではないかと思います。

問題提起2

楫取素彦の教育・文化政策と現代

前橋市文化国際課副参事　手島　仁

楫取素彦を考える基本的資料と問題点

楫取素彦を論じる場合に基本となる文献資料が三点あります。①は日本史籍協会昭和六年に出された『楫取家文書一・二』上下巻、②は楫取能彦氏所蔵の『耕堂楫取男爵傳記』（『耕堂伝記』）、③は濱口学長が解説された明治二十三年に撰文され二十五年に建碑された「前群馬県令楫取君功徳碑」（功徳碑）です。

しかし、①は幕末を主な対象としているため、県令時代の楫取を知ることができません。②は戦前に書かれた草稿で、出版されたものではありません。萩原進先生が県議会図書室長時代に全国に先駆けて『県議会史』の編纂を手がけます。そのとき、東京都狛江市の楫取家の協力を得て、『耕堂伝記』の群馬県令に関する部分だけを閲覧させてもらいます。当時は、まだコピーが普及していなかったので、県議会図書室の職員が分担して筆写します。これが県議会図書室、そして現在は県立文書館に引き継がれ資料として伝わっています。

手島　仁

③は濱口学長がお話しになったもので、『耕堂伝記』に

も引用されていますので、功徳碑が最も重要な文献ということになります。ところが、それが漢文で書かれていましたので、扱いにくいものでしたが、濱口学長の研究で、正しく分かりやすく理解することができるようになりました。

しかし、県令楫取素彦についての本格的な研究は行われていないのが現状です。②③がネタ本になって語られているに過ぎません。ですから、楫取素彦は立派ですが、余りにも自由にというか、好意的に語りすぎて、楫取県令が神格化されることに、歴史研究者の一人として戸惑いを持っているとともに、しっかりとした研究を行わなければならないと思っておりました。

県立女子大学の群馬学連続シンポジウムで楫取素彦が取り上げられたことは、とても意義のあることだと思います。

県民の君を慕ふこと慈父母の如く

楫取県令の教育・文化政策を語る場合も、基礎的文献である功徳碑と『耕堂伝記』から始めなければなりません。

功徳碑に「県民の君を慕ふこと慈父母の如く」という文言が出てきます。端的に言うと、これが楫取素彦の教育文化政策の根本態度、姿勢だと思います。もちろん、楫取の政治哲学と言ってもいいと思います。

「慈父・悲母」という言い方があります。慈父の「慈」とは良いところ、才能を伸ばすという意味です。悲母の「悲」は救うという意味で、父には慈の面が、母には悲の面があるわけです。楫取県令を「慈夫・母」といっているのは、楫取には慈父的な面と悲母的な面があるということであると思います。

この点を『耕堂伝記』で確認すると、次のようになります。

県政の治術は要するに教育・産業の二大経綸を策するにあり。薫陶の効果善く幾多の英才を出し、（中略）君は頻に県内の蚕業老功者を歴訪し、深くこの業に研究する所ありしが特に力を植桑飼育収繭製糸の各科に竭し、遂に群馬県をして当時蚕業界に於て全国第一位たらしめたり。猶ほまた群馬県の養蚕技術を他県地方に伝習し、広く上州養蚕の名声を宣伝することに勉めたり。（中略）また君は県内の特志に謀り群馬県の織物業をして改善且つ繁栄せしめんことに努力したり。

これは、楫取県令の慈父「才能を伸ばす」面を現しています。

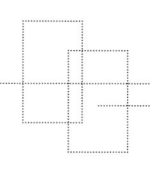

君の群馬県を愛するは慈母の愛児に対するよりも甚し。世風善導に熱心なる君は日夜思を凝らし、専ら風を移し俗を変えんと務めたり。故に専ら県内子弟の普通教育に力を尽くし、智徳両面を健全に平均に進ますべく慎重に考慮したり。君は既に旧藩故国に於て、世襲の家学を励み、久しく育英の教職にありしを以て、従来多大の経験を積みければ、学校事業には固より深甚の興味を有したり。之がため遍く各所の学校を歴問し、猶ほ僻境を跋渉して教育奨励のために強勢の宣伝に勉めり。仍て苟も開校式若しくは卒業式ありと聞かば、その遠近便否に関せず必ず親から臨場して懇篤なる訓話を述べ、教員にも生徒にも均く痛切の鞭撻を加ふるもの多か

りしと謂へり。（中略）
県下の不登校人を教養訓化するは、宗教的説法を以て便且つ善なりとす。僻境の翁媼も壮齢の男女も就学教育なき人々に対しては、宗教感化より外に良法なし。而してその善誨勧導に専任せし者は、君の夫人久（寿）子その人なり。久子は実に吉田松陰の令妹にして最も義心に富み婦道に卓越せる賢夫人なりき。時に本派本願寺より説教師小野島行薫を遣はしたれば、幸に彼を得て洽く村落浮浪の徒を諭さしめ諸所に説教所を設け、酬恩社と称して布教の徳化善く県内に普及し、管下に善行の見るべきものあるに至りしは、久子夫人が君の方案に據れる慈悲功徳の偉業にあらずして何ぞや。これ県人の今に於て忘るる能はざる不朽の徳業なり。

この部分は、楫取県令の慈母（悲母）「救う」の面を言っていると思います。

ここまでは、先ほどの濱口先生のご報告を受けて語りました。次に臼田さんの報告と関連させて、楫取県令の「慈父・慈母」の面をエピソード的に語ります。

才能を伸ばす慈父・楫取の戦略

「慈父」の面を語るのに、森山芳平（一八五四〜一九一五）と峯岸米造（一八七〇〜一九四七）を取りあげます。

森山芳平は桐生生まれで、十五歳で父・芳右衛門から織物技術を学びました。桐生織物も染色技術を草木染から近代染色に改良しなければならないとその研究を志しましたが、当時は近代染色を教えてくれる機関などありませんでした。そこで、楫取県令に県医学校に聴講生として入学を許可してもらい、県医学校の小山健三（理化学教師）から化学染色術を習得しました。仲間と共に桐生・前橋間九里の道のり（約三十三キロ）を毎週土曜日ごとに通いました。

芳平の優れた織物技術とデザインの斬新さは、明治十六年アムステルダム万国博覧会一等賞金牌受賞、同二十六年コロンブス世界博覧会に日本代表として「花卉図卓被（はなくさずたくひ）」（テーブルクロス）出品などを通して世界的に証明され、桐生織物の声価を高めました。

芳平の経営する森山工場には全国から門下生が集まりました。その結果、福井・山形・埼玉・福島の各県で「輸出羽二重」生産が発展し、福井県が日本一の羽二重生産県になりました。芳平は、どうしてせっかく開発した技術を惜しげもなく県外へ伝えたのか疑問でしたが、それは楫取県令の方針を受け継いだものでした。その方針とは、『耕堂伝記』にあるように群馬県内の蚕種・養蚕・製糸・染織の各分野の指導者を歴訪し、研究を奨励して群馬県を日本一の蚕業県とし、さらにその技術を全国に広め、群馬県の名声、知名度を上げようというものでした。今、楫取素彦県令が注目されているのは、群馬県の地域総合ブランド力が低迷しているからです。楫取の時代は群馬県のブランド力は抜群でした。

次に峯岸米造です。当時の小学校は、学年ごとに進級試験があり、昇級（卒業）試験がありました。進級試験では成績がよいと連級試験、飛び級もできました。また「比較試験」があり、郡や近隣郡単位で小学校の成績優秀者を一カ所に集め、学力試験をして優劣を競いました。比較試験は毎年一回実施され、成績優秀者には賞品が授与されました。楫取県令は比較試験に熱心で会場に臨席し、優秀者には自ら賞品を授与しました。峯岸米造は楫取県令から貴品を与えられた一人でした。

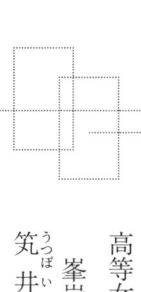

峯岸は、勢多郡力丸村（前橋市）生まれで、四歳八カ月で小学校に入学。飛び級で上級小学校を卒業し、明治十七年小学校教員検定試験に合格。翌十八年十六歳で桐生西小学校長になり、さらに、群馬県師範学校に編入し、同二十四年佐藤與三知事の推薦で東京高等師範学校に入学しました。

卒業後は東京府尋常師範学校教諭になりましたが、群馬県尋常中学校長沢柳政太郎に招かれ、二十八歳で群馬分校（県立高崎高校）主任になりました。分校主任といっても実質的な校長で、同校の基礎をつくり、嘉納治五郎校長に呼ばれ東京高等師範学校教諭となりました。嘉納校長の信頼が厚く「高師の峯岸か、峯岸の高師か」と言われ、専門の歴史教育では中学校・師範学校・高等女学校用教科書の編纂は五十冊を超えました。

峯岸の比較試験のライバルはいつも小屋保治（一八六八～一九三一）でした。小屋は勢多郡筑井村（前橋市）生まれで、群馬県中学校、一高、東京帝国大学哲学科に進み、大学院では岡倉天心に師事しました。ヨーロッパ留学で美学を学び、東大に初の美学講座を設置した日本美学の創始者として知られています。東京控訴院長・大塚正男の長女・楠緒子と結婚し、大塚保治になりました。

森山芳平、峯岸米造などを通して、楫取県令の才能を伸ばすという教育方針（慈父）が分かると思います。それに対して、エリート主義という批判が出るかも知れません。エリート主義であったに違いないのですが、時代的な意味を考えなければならないと思います。

江戸時代は封建的な身分制の社会でした。福沢諭吉を持ち出すまでもなく、下級武士の子に生まれれば、どんなに才能があろうが、その一生を下級武士として過ごさなければなりません。明治時代になって四民平等の社会になって、教育によってその才能を発揮できるようになりました。

そこで、楫取県令はその才能を伸ばすことに力を置いたわけです。

そうやって見いだされたエリートが国家的な活躍をすることによって、欧米列強に伍して日本がやっていけると考えたのだと思います。

囚人教育に見られる慈母（悲母）の側面

次に、囚人教育を通して楫取の慈母（悲母）の面を紹介します。さきほど『耕堂伝記』でも触れましたが、寿子夫人は西本願寺の明如（みょうにょ）法主に願い出て、長州人だった小野島行薫が派遣されました。楫取県令は小野島とともに囚人教育に取り組みました。

明治政府は監獄を痛苦から懲戒する場へと改善し、近代化を図る方針であった。これは、幕末開港以来のヨーロッパ諸国の監獄に対する知見から生まれたもので、政府は仏教界に期待しました。

その活動は「監獄教誨（かんごくきょうかい）」といい、監獄内で説教を実施しました。小野島は明治八年、前橋監獄で教誨を開始。翌年から県の委嘱を受け、岩鼻・高崎・熊谷・川越・大宮の懲役場および分監で、月一回の教誨を実施しました。これが我が国最初の監獄教誨といわれています。

小野島のあとに本願寺から新たに派遣されたのが艸香唯道（くさかゆいどう）で、彼も長州人で、藤岡の説教所を任されました。現在の西蓮寺です。その本堂は岩鼻監獄の囚人が建てました。艸香は本山の許可を得て明治三十一年から富岡製糸所の工女にも教誨を行いました。

岩鼻監獄は、典獄・近藤清、監獄医・大久保適斎（県医学校長）、教誨師・小野島行薫という体制です。近藤清の日記にしばしば田島弥平の名が見えます。西南戦争で西郷軍であった国事犯が岩鼻監獄に収監され、社会復帰するのに養蚕を希望したように、囚人の社会復帰の手段として養蚕を教授しました。そのときの教師が田島弥平で、監獄側は最高の養蚕教師を用意したのでした。こうした囚人教育は、楫取の慈母（悲母）の面です。

県民に誇りを持たせることに尽くす

楫取県令の文化政策は群馬県民としての誇りを持たせるためのものでした。

『楫取素彦碑』に「上野は古へ自り治め難しと称し…」あるように、上州人は気性が荒く反抗的です。

『耕堂伝記』に「君嘗て曰く上代この上野国は毛野国と称して皇族の統治せられたる所なり。今おの畏(かしこ)くもその後を承け同国を統(と)ふ。洵(まこと)に光栄の至り。（中略）君が群馬県に入りてより大に勤王古人の遺蹟を探求せんと務めたり。その発憤感動するもの往々詩賦(しふ)の間に顕れ読者をして追懐の涙を催さしむるものあり」と書かれているように、群馬県は皇族ゆかりの地で、勤王の地であると、上州人にプライドを持たせるように、二子山（総社町植野(うえの)）、中二子(なかふたご)（荒砥村大室(あらとむらおおむろ)）、王山・将軍塚（京ケ島(きょうがしま)村元島名(もとしまな)）など古墳や山上碑・多胡碑・金井沢碑などの古碑を保護したり、高山彦九郎を祀る高山祠社を創建したりしています。

また、次のように人物の顕彰にも熱心です。

「上州の地に生れし人々にて君が敬慕する所のもの実に少しとせず」と、新田義貞・高山彦九郎（勤皇忠節）、田島弥平（老練養蚕家・皇居御養蚕所教師）、船津伝次平（日本三老農の一人）、堀口藍園（奇行の学者）、大谷休伯（開墾事業家）、塩原太助（勤倹富豪）、茂左衛門（義人）など「いづれも君が平生感歎已まざる所の人々なり。君が平生地方人材の養成に深く力を竭せし所の精神をも窺知られたり」と。

私の好きな言葉で、隣の埼玉県の嵐山町の町長を五期務めた関根茂章（一九二五〜二〇〇八）という方にこんな言葉があります。

どこの郷村にも有名無名の先覚者がいる。いつの時代も、必ず誰かが、人々の幸せを祈り、その実現に努力してきた。人々は、その徳を頌え、あるいは口伝し、あるいは一書をなして石に刻す。しかし、それらは、一世代三十年もすると、大抵は忘れ去られ、碑は憮然と屹立している感がある。真の郷土の振興は、先人の遺風、業績を新たに掘り起こすことから始まる。過去を継承せずして健全な未来の創造はあり得ない。（『師父列傳―わが内なる師父たち―』）

いわゆる郷学という言葉ですが、意味するところは、地方・郷土文化、精神的遺産及びそれを育む風土を守り、地域社会・文化の健全な発展を図り、それを担う人材を育成するということです。これは地域学（地元学）のことです。楫取の文化政策は、群馬学の源流というこ

機関名	開設年	廃校年	
県立幼稚園	明治16（1883）	同21（1888）	明治21年4月～27年3月 県師範学校附属小学校幼稚科
群馬県中学校	明治12（1879）	同13（1880）	明治15年（木碁中学校）～19年廃止 20年寄付金と授業料で存続
群馬県女学校	明治15（1882〉	同19（1886〉	明治20～22年清揚女学校　21～23年正教会修身女学校 明治21年前橋英和女学校（共愛）、32年群馬県高等女学校開校
群馬県医学校	明治9（1876）	同14（1881）	明治11年新校舎新築 昭和18年（1943）前橋医学専門学校
群馬県師範学校	明治9（1876）		明治11年新校舎落成

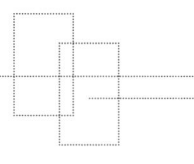

とになります。

県立学校にみる問題点と持ち越された課題

これまで楫取のことをほめてきましたので、最後に批判的なことを申し上げます。表は、県が設立した教育機関の一覧ですが、実はその運営はうまくいっていません。師範学校以外は、いったん廃止になっています。

時間もありませんので、県医学校に絞って話します。県医学校はわずか四年で廃校になっています。県医学校廃止の理由について『明治十四年文部省年報』に三つの理由が挙がっています。

①第一ハ募集ニ応ズルノ生徒僅々(きんきん)ニシテ之レヲ養成スルニ多額ノ金員ヲ用フルハ功其費ヲ償(ツグナ)ハザル

②第二ハ明治十四年度地方税ノ非常ニ増加シテ民力之ガ負担ニ堪へ難キ

③第三ハ本県ノ東京ニ近接スルガ為メニ生徒ヲ東京大学医学部別課ニ託スレバ其教養ノ途ニ於テ支障ナシ

この三つの理由は、文化政策を考える場合、興味深いのですが、私が最も関心を示すのが③番目の理由で、群馬県は帝都東京に近いので、東京で間に合うという認識です。群馬県が日本の中心である東京に近いというのは大きな利点ですが、その一方、何でも東京亜流になって、独自の文化は発展しないという問題点にもなっているからです。

県医学校の廃止については反対意見もあり、批判もありました。

①夫医学校ハト築已ニ成リ、開校二年、全科卒業ノ生徒二十名ニ及、即其功已ニ立ツモノナリ。何ノ故ニ廃スルヤ（『上毛新聞』明治十四年六月二十八日）

②屋舎器械ヲ始トシ諸般儲設ノ整頓セル殆ド府県中稀ニ見ル所ナルガ如シ、抑此ノ如キ事業ヲ経営シナガラ一旦中道ニシテ沮止シタルハ最モ惜ムベキノミナラズ、地方医学拡張上ノ計画ヲ変更セントスルハ、其目的ノ誤マレルヤ知ルベシ、是本県当局者ノ更ニ省察スベキ所ナリ（『明治十四年文部省年報』）

このように、上毛新聞や文部省が県医学校の廃止を惜しんでいます。県会は明治十四年度の「医学校費（七三七七円七五銭）を全廃」し、その代わり「医学生徒養成費を三一八二円」置くことという、斎藤寿雄県議の修正意見を可決しました（『群馬県議会史第一巻』四十二頁）。これに対して楫取県令も特に抵抗することなく同意しました。

県医学校廃止が、医師であり、クリスチャンでのちに群馬県医師会の会長になる進歩的な県会議員として知られる斎藤寿雄から出されたのですから、驚くべきことです。

県医学校は、高崎から前橋に県庁を移転する際に、楫取県令が下村善太郎らの有力者に、師範学校とともに校舎の新築を求め、実現したもので、楫取県令としても特別な思い入れがあったはずですが、県会で医学校の存続と廃止が大問題になっていません。

県会議長は宮崎有敬、副議長は星野耕作、常置委員に湯浅治郎、野村藤太らがいましたが、医学校を廃止する提案は県会から出され、県当局もすんなり認めています。

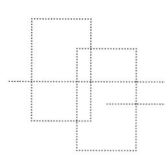

群馬県では、以後六十年もの長い間、医師養成の学校はなく、県民から医学校設置の要望が何度か出されますが、それが実現したのは昭和十八（一九四三）年に設立された前橋医学専門学校でした。同校は現在の群馬大学医学部で、その存在が群馬県においていかに重要であるかは、県民のみなさんよく知るところです。

こうしてみてきますと、初等教育（小学校）は就学率が全国トップレベルで「西の岡山、東の群馬」といわれた「教育県」でしたが、中等教育・高等教育はうまくいってない。その充実は歴史的な課題と言えます。

少子化社会を向え、高等学校や大学など中等教育・高等教育機関も、それぞれの学校がその存在やあり方を問われています。さきほど紹介した県医学校の廃止の問題を、県立女子大学の問題に置き換えても、とても重要な示唆を与えていると思います。

問題提起3

『修身説約』に学んだ人々とその事績

群馬県立女子大学群馬学センター第1期リサーチフェロー　臼田　直記

具体的で生活面との結びつきが強い『修身説約』

言うまでもなく、『修身説約』は、楫取の教育政策の中核的な教材で、明治十一（一八七八）年十二月に楫取が序文を書いて、翌年から使われ始め全国に普及したものです。総合教育センターで訳された現代語訳を読んでも、確かに心に染み込む内容です。半分が西洋の、半分が日本・中国の話となっていますけれども、『西国立志編』や『史記』、アンデルセン童話などが出典で、通常の修身の教科書が格言集や抽象的であるのと対照的に、具体的で、生活場面との結びつきが強いといいますか、人との会話を中心にした小編となっていて、それが長く読み続けられた原因ではと『群馬県教育史』に書かれています。

臼田　直記

学んだ人々とその事績1　鈴木貫太郎

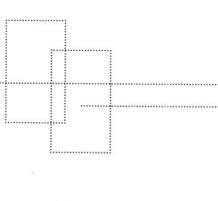

学んだ方として、まずは最も厳しい局面で日本を終戦に導いた首相、鈴木貫太郎（すずきかんたろう）（一八六七〜一九四八）を挙げたいと思います。鈴木貫太郎の父親は子供の教育のことを非常に考えており、仕事先を千葉にするか群馬にするか迷っ

た挙句、群馬の方が教育県であるということで、群馬を選び、明治十（一八七七）年に前橋桃井(もものい)小学校に入学しました。『修身説約』が使われ始める直前です。

楫取教育行政の中では、今の小学一～四年のレベルの下等小学では『修身説約』、小学五年から中学二年の段階で『十八史略』を学ぶことを小学教則の中で定めていて、鈴木貫太郎は、自伝で「この頃にはもうただ無茶に読むことを奨励したもので、私も小学校で『十八史略』を読んでいた。学校で教わる、家へ帰ってまたそこを読む。果ては毎日一冊あてを読み切るという、今から考えると全く乱暴な話だが、そのころはとんと気も付かずにいたのであるが、後で考えるとよくやったと思っている。あの努力は十四、五歳の私に今のもう中学四、五年生くらいを完全にやり上げさせていた」と書いています。『修身説約』については言っていないのですが、少なくとも、鈴木貫太郎の弟の孝雄(たかお)（一八六九～一九六四）は、小学教則に照らせば、『修身説約』を読んでいたことは間違いないと思います。

このように徹底的に読ませられて基礎を作られたことが、その後の大きな活躍、日本を終戦に導く際の思想となって、実際に天皇陛下から高く評価され難しい場面で首相となって戦争を終戦に導いたと思われますが、終戦に導いた後には、机の上には『老子』一冊が残っていたそうです。

学んだ人々とその事績2　佐藤タ子(たね)

次は佐藤タ子(たね)（一八七八～一九五三）です。佐藤学園・高崎商科大学の創立者です。今の安中の坂本小学校に入学したのは明治十四（一八八一）年ですが、四年も飛び級で高等小学校を卒業するという、当時としても滅多にない成績で卒業されております。

その後結婚しますが、別れて、自立しなければと東京裁縫女学校に入学、教師の免許も取り、静岡の三島高等女学校などで教育の実地をした後に、高崎市の柳川町で明治三十九（一九〇六）年に私立裁縫女学校を開校します。これが今の高崎商科大や商科大附属高校の基になっております。

佐藤夕子が『修身説約』を学んでいたことは、高崎商科大学附属高校同窓会でまとめられた『佐藤夕子の生涯』の中に出てきます。実際の修身の教科書は『修身説約』が四冊、『修身訓汎』三冊、『小学修身』二冊で、『十八史略』も七冊と書いてございます。

実は佐藤夕子の父親の学という方もすごい教育者で、夕子の男兄弟六人のうち五人が教育者になられたそうです。その中でも、兄の佐藤穂三郎（ほさぶろう）は素晴らしく、県立高崎女学校校長を九年間務められました。

佐藤夕子に戻ると、良妻賢母、婦徳の涵養、自由に理想を実現できる掣肘（せいちゅう）のない私立学校の設立を教育理念に、裁縫以外の授業の時間を全体の三分の一にしたいと考えていました。当時としては、裁縫女学校で技術以外にこれだけの時間を取るということは無謀な状況でしたが、自らの教育理念をぶれることなく維持し、人間の幸せの理想は養育と養老にあると考え、男女が協力して良い家庭を築くには、やはり家計の切り盛りがしっかりしていないといけないと、自分の体験も踏まえ、家計簿記を算術の中に含めたそうです。

当時としては非常に画期的で、先ほどの伝記の中で、穂三郎が「教育とは形じゃないよ。お前のところの評判がいいのは、内容がいいからだ。わしもここに来たからには良妻賢母の教育を徹底してやる。教育の本質はね、立派な人間を作ることにあるんだ。お前のところの婦徳の涵養、あれだよ」と言ったとあります。

佐藤夕子は卒業生や有志が新しい棟を作って下さった時に、非常に感動し、その時に言った言葉が残されています。昭和三（一九二八）年のことです。講堂の落成式に際してです。「かつて私が坂本を出るとき、エンゼルとなって天空を駆けるのだと誓いました。今がその時でございます。卒業生の皆様が、こんなに素晴らしい翼を私に送って下さいました。私はこの立派な翼で、良妻賢母教育という天空を生涯駆けて駆け続けます。本当にありがとうございました」

なお、毛糸編物機をつくり、昭和二十九年に藍綬褒章を受けた萩原まさは私立裁縫女学校の第一回卒業生です。

学んだ人々とその事績3　井上浦造

次に井上浦造（いのうえうらぞう）（一八六七～一九五二）です。『群馬県教育史』などには『修身説約』は県内どころか他県でも使われていたと書いてあるのですけれども、実際に自伝や伝記に書かれている例は少なく、小学校の記録もなかなか分からない中で、井上浦造の自叙伝には『修身説約』『十八史略』を学んだとあることをリサーチフェローの仲間の大崎厚志（おおさきあつし）さんから教えていただきました。

井上浦造は同志社に入学して、新島襄にも直接会って、その徳性に感動しましたが、明治二十二（一八八九）年に「内村鑑三の「後世への最大遺物」という講演を聴き、自分の力相応の遺物、これを残したい、是れが神に対して為すべき仕事…必ずしも、伝道といふ事ではあるまい…」と考え学校を開設します。明治三十三（一九〇〇）年のことです。共立普通学校と言い、今の群馬県立大間々高等学校の前身です。県立高校が私立で始まったというのも面白いことです。

『修身説約』を確実に学んだ人で花開かれた例として挙げたいと思います。同様に、高崎生まれの大実業家で白衣大観音建立者として知られる井上保三郎（一八六八〜一九三八）もいます。『上野国地誌概略』『修身説約』を学んで、人格を形成する上で、あるいは郷土の地の利を生かした産業化を推進する上で、とても影響を受けたことを熊倉さんから聞いております。詳細は熊倉さんにお尋ねください。

学んだ人々とその事績４　野間清治

野間清治（一八七八〜一九三八）も『修身説約』『十八史略』を学んだと思われます。野間清治は桐生の新宿小学校に入学しますが、新宿小学校は、彼が入学する一年前の明治十六（一八八三）年に開校し、落成式に楫取県令が来ています。揮毫もしており、楫取が書いた扁額が正面玄関に掲げてあります。中村孝也（一八八五〜一九七〇）の『野間清治伝』には「明治十六年十一月、県令楫取素彦の臨席を得て、盛大なる落成式が挙行された。県令楫取は山口県の人で、当時五十五歳、良二千石として名声嘖々たるものがあり、村民等はその臨場を得て賀宴を楼上に開き、夜に入りては戸毎に球燈を点じ、歓声湧くがごときのものがあった。これは実に新宿村教育界における一大飛躍であった。そして木の香の新しい二階建の新校舎の正面、五段の石段の階段を上り尽くしたところ玄関の楣間には、楫取県令の書に成れる『新宿学校』と題せる見事な大額が掲げられた」と書かれています。

この翌年、野間清治が入学し、非常な腕白でしたが、後に講談社を作りました。講談社の社是に「渾然一体」という言葉があります。怒りを抑えて大きなことをするということですが、偶然かもしれませんが『修身説約』巻の五の第十二の説話の中に、「刎頸の交わり」として「渾然一体」の話が出てきます。やはり楫取教育行政のもと大きくなってから花開いた典型的な例だと思いました。

実際、『野間清治傳』によれば、野間は昭和七年五月十七日、編輯局全員を前に『幼年倶樂部』の使命を力説し「現在の世相が外來思想の無批判なる流入に毒せられて、敦厚淳朴の美風を喪ったのは、その源泉に遡って幼少年時代の教育に反省を加えなくてはならぬ故、ここに立脚して世間の建直しをなす為、十年、二十年の將來に亙る計畫を樹立して、眞劍に努力すべき旨を教訓した」そうです。これは、まさに、楫取が懸念して、『修身説約』を編纂させた当時の主旨「文明開化の風俗や説も入りやすく、その弊害が子弟を毒することも免れがたい、すみやかに考えられなければ、生徒の純朴の風俗もそこなわれるであろう」そのものです。野間の『幼年倶樂部』発刊の真意は、楫取が目指していた教育上の観点だったと思います。

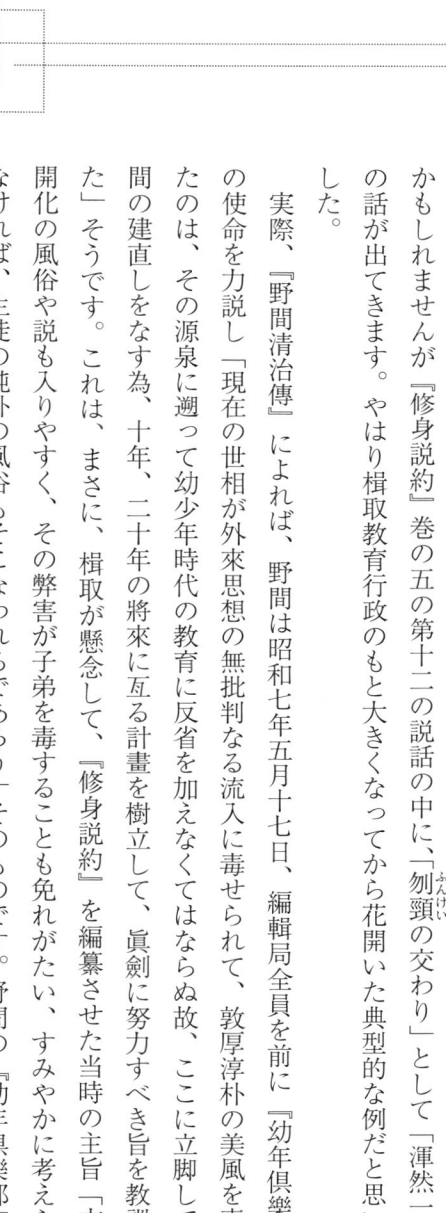

楫取『修身説約』は人々をどう変えたか

『修身説約』あるいは『十八史略』の影響を受けた方はまだ多数おられると思います。ドナルド・キーンの先生となられた角田柳作も、その一人と思われます。角田柳作の師であり親戚である角田伝が、今は渋川市となっている津久田村の村立鳩杖小で『修身説約』を学んだという記録がありますので、同じ鳩杖小を出た角田柳作も学ばれた可能性が高いと思います。

角田柳作がいかに真正の日本人であるかについて、セオドール・ド・バリ　コロンビア大学中国日本学部主任教授の言葉を紹介します。「角田柳作は徹頭徹尾日本人であり、決して亡命者や国籍離脱者ではありませんでした。先生は日本の遣唐使の昔から外国から学べる新しい学問、芸術は何でも学ぼうとして海を越えた巡礼たちと同じく、現代の代表として『アメリカの意味』を学ぶためにアメリカに渡って来られました」と。国禁を犯してまで、アメリカに渡ろうとした吉田松陰と同じく、純粋の日本人として「自国の文化の精華を体得しておられた」のです。

それ以外の方では、第十三代日銀総裁になられた深井英五（ふかいえいご）も『修身説約』を使用していた高崎第一小学校(現高崎市立中央小学校)を卒業されていますので、学ばれた可能性が高いと思います。

まだ実証的な研究は不十分ですし、確認できていないことも多いのですが、『修身説約』を児童期に学ぶ意味について、鈴木貫太郎の弟、孝雄（たかお）が、桃井小学校創立五十周年に際して「古今の成敗を究め　偉人傑士の績を述ぶること頗る（すこぶる）詳（つまびらか）なり　而も其説く所は平易にして懇切言々幼者の肺腑を刺すの慨あり」「爾来（じらい）一難に遭遇する毎に幼時の訓戒を想起し　自ら発明する所亦尠しとせず　予の幼時の教育を本校に受けたるを以て栄と為すもの一に之（これ）が為なり」とありますように、具体例をもっての幼時の徳育がいかに影響を及ぼしうるかが伺われます。野間清治が『少年倶楽部』などの雑誌を出したのも、この精神を子供たちに伝えるためだったと推察しています。

パネルディスカッション

県令・楫取素彦―薫陶と遺産―

楫取素彦顕彰会会長　中村　紀雄
群馬県立女子大学学長　濱口富士雄
前橋市文化国際課副参事　手島　仁
群馬県立女子大学群馬学センターリサーチフェロー　臼田　直記
群馬県立女子大学群馬学センター副センター長　熊倉　浩靖

明治の初めという非常に難しい時代の中で考えよう

熊倉　まず、基調講演をいただいた中村さんから、他の方々の問題提起を聞いてお感じになられたことなどを、お話ししていただきたいと思います。

中村　私の分担をお話しさせていただいて、ほかの皆さんのお話を聞いたりしながら思うことは、歴史というのは過去と現在の対話であるという言葉があります。いろいろな資料が見つかり、現在の立場から、その資料に語りかけ学ぶことでさまざまな事が分かってくるということです。そういう意味で言うと、楫取は、はっきりというか、しっかりとした定説やまとまった資料が少ない面も感じられ、そういう意味ではまだまだこれから楫取の実像というものを求めて考えるべき課題やらテーマやらがあると感じました。今日は『修身説約』に学んだ人であるとか、新しい掘り下げもあったかと思います。

今、萩の人たち、萩の楫取顕彰会の人たちと交流していますが、向こうにある資料と、群馬にある資料とそれぞれ分かれております。先ほどお話ししたように、楫取の前半生は向こうなので、明治維新までの資料は向こうにある。それ以降の資料はこちらにある。それで、ばらばらに研究されていたということもあったので、今後の課題が多いと思います。

『群馬県議会史』などを見ると、明治十二（一八七九）年に初めて県議会が開かれ、その中でさまざまな議論が戦わされていて、楫取がその中でどのような発言をし、姿勢を取ったかは、大変興味深い問題点です。なかなか今日の人権のレベルや視点からは理解しにくい面もあります。その意味で、今日のシンポジウムは、これからの楫取理解を進める上で一つの刺激というか、一つの問題提起になったと感じました。

熊倉　確かに、前半生の持つ意味が後にどう繋がったかは十分に議論されていない。同時に、群馬県人が、楫取が蒔いた種を花開かせたことに焦点を当てようとしましたが、そこもまだまだ研究課題が数多くあると思います。

その中で、手島さんが、楫取を持ち上げるだけではいけない、足らなかったところも批判的に学びながら継承しなければならないと、中等・高等教育に焦点を当てて問題提起されました。時間が十分でなかったと思いますが…。

手島　皆さん楫取素彦のことを褒められて、その通りなのですが、しかし教育は、幼児教育から初等、中等、高等とあって、楫取はそれを全部作っていながら、中等・高等教育に関しては、師範学校以外はいずれも廃校になっています。

県立中学校では生徒が県令を批判したり、ストライキを行ったりしています。当時の生徒は二十歳以上の人もいますから、酒を飲みたばこを吸い、大変荒っぽい者もいます。それに怒って、廃校処分にすると。そのあたりの楫取をどう評価していいか分からないというのが本当のところです。

いま群馬県はブランド力が低いとか、いろいろな問題がありますが、そうした問題を考えた場合に、中等・高等教育がもっとしっかりしていたならば、群馬県はもっと違ったのではないだろうかと痛感しています。そこに問題意識があります。

熊倉　学長もご意見がおありだと思いますが…。

濱口　群馬県の現在の教育状況を含めてお話しするのであれば、お話ししたいことはたくさんありますが、私は実は東京の出身で、群馬県立女子大学創立時に、長野県短期大学に勤めていました。ですから、いつも高崎を通ってそこに行く、その時に群馬県では文学部を作るという話があったのです。これは、我々、いわゆる文系の学問をしている者にとっては驚きでした。普通は、女専などがあり、そこから女子大という流れが多いのです。ところが群馬県の場合は、何もないところにいきなり女子の四大、しかも、いきなり文学部でしたから、群馬はすごい、文学というか文系に対する意識が非常に高いとの評価がありました。現在も我々の大学がこういう形で存続している。群馬の人々には、単に実学志向だけではない、楫取が根付かせた徳育の方向があるのではないかと思っています。

先ほど手島さんから、楫取が自ら作ったさまざまな学校を潰したというお話がありました。明治という時代はなかなか難しい時代で、先ほどもちょっと触れたように、学制改革があったり教育令が出されたりところころ変わる。そういう中で、楫取素彦も、理念的にかなり先走った中で、どういう風に現実に合わせていくかと、学校を潰す、潰さないということがあったのではと思います。

先ほど私は陽明学の話もしたのですが、陽明学を陽明学だけ見たのでは本質から外れ、非常に危うい学になります。その前提として朱子学があって、朱子学をきちっと修めた人が陽明学を学ぶと陽明学の本質が分かるのです。ところが朱子学をやらずに、陽明学のいわゆる知行合一を表面的な実行主義でやると、短絡的な事態を生み出してしまう。本質的なものは、そのアンチテーゼとするものが分かってこそきちっと分かる。

明治は非常に難しい時代でした。先ほど明倫館の話が出ました。萩の明倫館、今は小学校です。幕藩時代の藩校は今の大学です。それが小学校になる。なぜかというと、学制という新しい制度の中で、教師の資格問題があって、それまで藩校で大学教授級の、あるいは一流の研究者だった者が辞めなくてはいけない。先ほど示した例で言うと、佐々木愚山は、安中藩の藩校、造士館の教授なのです。大学者です。ところが学制改革の元では小学校教員になれないと辞めて塾を開く。要するに明治初期あるいは中期くらいまでは、学校制度も含めて非常にがたがたな状態でした。ですから、現在の我々の整った状態から見ると、なかなか理解しにくい面もある。

群馬は東京に近いので大学や高等研究機関に対する資本投下があまりないとのご指摘もありましたが、県立の女子大で文系を維持していることは、皆さん誇りに思っていただいていいことではないかと思います。学長の私が言うのも変ですが、私は他県出身の人間ですから、強いてこういうことを群馬県民の皆さまに申し上げたいと思っております。

中村　私の考えなんですが、楫取は、今の私たちの価値観とは全く違う時代に、道のない時代に道を切り開こうとした。それが現実だと思うのです。楫取が群馬に赴任した時、大日本帝国憲法もできていません。徳川幕藩体制が潰れて、明治維新をもって近代国家に向けてスタートしたけれど、未だ確たる指針、国家の価値観も確立されていない。そういう時に教育を実現しようとした、道を切り開こうとしたという大変な苦労があったと私は思います。ですから、今の我々の感覚からすれば理解できないところもあれば、少し強引に過ぎたこともあるのではないでしょうか。学生がストライキを起こしたことも実際あったようですが、私は理想主義の観点から楫取を見過ぎることがあると思いますが、一つの筋を貫いていた楫取という男を買っております。

それから、今の濱口学長のお話に応えることにはならないですが、楫取は、明治の男にしては珍しく妻に心情を吐露したりしている。非常に人間的な存在であったことも事実でして、松蔭の「至誠にして動かざる者、これ未だあらざるなり」を楫取なりに受け継いで、それを基本にして教育を実現しようとした、人づくりを実現しようとした。そういう点は評価できるのではないか。そういう意味において、教育や諸産業確立の方向付けを行ったのではないか。ただ、その後、帝国憲法ができたり、いろいろ整理が進んでいきますが、楫取の蒔いた種を正しく理解して育てる努力を後継の人たちがしたかどうか、ということも今後の研究課題であると思います。

熊倉　今回のシンポジウムの副題は「薫陶と遺産」としましたが、まさに中村さんの指摘されたことが大きな課題です。楫取が蒔いた種の中で花が開かなかったことも確かにあるだろう。手島さんが厳しく指摘された医学校は最たるものかもしれない。しかし、それは楫取の問題なのか、後継者と言うか、県民、県政全体がなぜそれを育てられなかったのかという問題なのか。現代、同じような問題を抱えていないか。これが課題かと思います。手島さん、反論があればぜひ。

手島　皆さんがおっしゃる通りなんです。しかし、教育関係の方はよくお分かりのように、楫取の時には「西の岡山、東の群馬」ですが、明治四十年代の群馬の就学率は全国最下位になる。ですから、楫取の蒔いた種は立派だったが、継承されていないという大きな問題がある。

私は県医学校にこだわりますが、医学校を卒業して医者になった数少ない人の一人に小原沢錠三郎（おはらざわていざぶろう）という方がいます。ご子孫が前橋南橘地区で産婦人科と耳鼻科をされています。錠三郎は、医者の業を行う一方で、お産婆さんの知識が不十分で子供がたくさん亡くなる状況に対して、産婆になれば自分の家で自分の資本で商売出来る、一生涯女性として自立して働けるからと、前橋で産婆学校を開設しています。もしこのまま医学校が続いていたならば、小原沢錠三郎のような形で多くの立派な種が蒔かれたであろうと考えると、県庁を移転する条件としてまで作ったものをいとも簡単に廃止する、何ら抵抗していないということが解せない。確かに名県令だが、この点はもう少し頑張ってもらいたかったと思います。

地域の人材を育てることを天爵と受けた楫取素彦

熊倉　今、群馬県は医療特区と指定されているだけに、それは今に継承しなければならない問題ですね。県民の現代的課題ですね。中村さんにも、顕彰会会長としてだけでなく、県議としても受け止めていただいて、県議会でも議論いただきましょう。

もう一つ、手島さんの発表の中で、郷学の問題を取り上げられました。学長も触れられましたが、手島さん、少し補足をいただけますか。

手島　楫取の生涯を考えた時に、楫取は明治政府で一番高い参与のポストを貰うのですが、四十日で辞めて山口に帰ってしまう。後に、明治の終わりに爵位の制度が公(こう)・侯(こう)・伯(はく)・子(し)・男(だん)と決まる中で、楫取は一番下の「男爵」を貰う。かつて松下村塾で教えたであろう伊藤博文とかが上の位「伯爵」を貰っているのに、楫取は一番下の男爵です。群馬県令という地位を甘んじて受けて、地方の人材を育てるなど地方行政にかなりの情熱を傾けたと思うんです。

位は「人爵」と言って人が与えるものですが、儒教では「天爵」と言って天が与えると考える。楫取は県令を天爵とし、地域の人を育てるのを天職としたと考えてよいのではないか。これは新島襄と通じていると思います。新島は、エリートだけ育てていたのではだめだと政府の高官になることを断って、同志社を作って地域で普通に働く立派な良心を持つ人を育てた。この点は今、いくら評価してもしすぎるということはないし、こうした観点で楫取を高く評価すべきです。

濱口　先ほど継承という話題が出ましたが、廃娼運動において、楫取は非常に強いリーダーシップ、イニチシアブを発揮して運動を実らせたとの話が中村さんからありました。実は中村さんのお話にはなかったのですが、次を引き継いだ県令はそれを元に戻そうとする。歴史の歯車を逆転させる動きをしたのです。ですから、継承すべきことは、それなりの人材が現れなければ、その通りには進まない。県令は、当時は選挙ではありませんから我々は選べませんでしたが、要するに我々がどういう人材を選んでいくかがポイントになると思います。

先ほども触れましたが、学制のあと教育令が出ます。教育令は、学務員を地域の選挙で選べという非常に進んだ改革でした。しかし教育令は、自由教育という形で否定されていく。あまりに近代を先取りした教育思想だったので否定されますが、戦前の教育があのような流れの中にあったことを考えると、要するに継承者が、いかに優れた考え方・理念を継承していくかが、今、非常に大きな問題になると思いました。

先ほど、楫取による持木翁らの顕彰に触れましたが、「古の所謂郷先生なる者は、子弟其の教へに服して徳郷党に及び、間不良の者有るも、風を聞きて自ら慚じて以て其の行ひを悛むるに至る」という言い方。郷先生というのは村の先生。その地域に根ざして、地域の子供たちのためにしっかりと教育する。古い時代の寺子屋や藩校の先生の良きところを楫取素彦は想定していたと思うのです。

手島さんのお話にありましたように、楫取は人爵としては男爵です。ところが、天から与えられた天爵としては、最高位の、人を教育していくことを群馬でも実現し、その後も、群馬県の埋もれている、教育に対して力を注いだ人間を非常に高く顕彰していこうという強い意識がありました。ですから、我々は、楫取の志、群馬に対する眼差しをしっかりと受け止めていきたいと思っております。

熊倉　その点では、臼田さんが発表してくれた井上浦造さんが、私的に作った普通学校から県立大間々高校が始まるという事実は、そこに、郷学を地域に根ざしてやっていこうという精神が繋がっていたといえるかもしれません。また、県立女学校は一度潰れますが、県立高等女学校が再出発するまでの間に、共愛学園、前橋英和女学校という形で、地域の皆さんが女子教育の拠点を作っていったことも大切な歴史として共有する必要があります。今は男女共学の学校になりましたが、共愛学園が、群馬県では現存する一番古い女子教育の拠点です。そういう伝統を受け止め受け継ぐことも含めて、しっかりと実地検証をして今の課題を深めていくべきだと改めて感じました。

その上で、臼田さん、時間の関係でご紹介できなかった野間清治の言葉を伝えて下さい。

臼田　野間清治が、なぜ『少年倶楽部』を出すに至ったのかに、彼の考えと、その根底を形作った楫取の教育、思想と方法が結晶しています。その部分を彼の自伝、『私の半生』からご紹介して、私自身のメッセージに替えたいと思います。

私がこの『少年倶楽部』においてとくに力を打ちこみたいと思ったのは、いわゆる、「国民性の啓発と涵養」であった。私が教師生活で知り得たものの一つは、学校教育は、ややもすると知育方面に力を用いすぎて、国民性の啓発や精神教育の方面が、どうもおろそかになりやすいということであった。現代の学校では、祖先の功績を、古今の美談を、興味深く、感銘深く語り聞かせることをあまりやっていない。ときには、それらを伝記化し、さらに講談化する方法が、非常に有効であるのに、それもあまりやっていない。歴史や修身や読本はあるが、多くはおもしろさが足りないし、少々固苦しい。強い感銘とか感激とかまではなかなか行き難い。やり方では行けないこともないが、行くようにすることはよほどむずかしい。私は『少年倶楽部』をもってこの方面を補いたいと考えたのである。

その意味でも、ぜひ、『修身説約』を皆さまに読んでいただきたい。

熊倉　今日は、楫取素彦の教育施策とその影響を題材として、実に多くの実りと課題があったと思います。会場からのお声も聞きたいと思います。

会場A　テレビ報道に長く関わってきましたが、私は若い頃、高校総体の実況を担当したことがあります。順番を見ていて「何だ、この順番は」と思いました。創立順かというとそうではない。普通科高校、農業高校、工業高校、商業高校。こういう順番です。しかも普通科高校は男子が初めで、男子、男女共学、女子という順です。今も変わっていない。どうぞご確認下さい。言われればそうだと思う方、多いと思います。楫取の時代に四民平等でいくと言ったはずなのに、これ、明らかに士農工商、男尊女卑ですよ。楫取が亡くなって百年も経つと言うのに、群馬はまだそういう状況だ。楫取をより良く継承していくとするなら、こういうことを是正していく実践を群馬学にしていただきたい。お願いします。

熊倉　手厳しい、しかし、全くごもっともというご意見、ありがとうございました。

会場B　前橋で生まれ育って、四十年近く勤めで出て、十二年前に戻って来ました。確かに上毛かるたで「平和の使い　新島襄」「心の灯台　内村鑑三」「和算の大家　関孝和」「老農船津伝次平」と、今でも全部出てくるほど暗記しましたが、その人たちの詳しいことは語れません。楫取素彦や鈴木貫太郎は名前を知っているだけです。みんな二言、三言で終わってしまうくらいしか会話できません。そういう郷里の素晴らしい人たちのことを、小学校時代などに、修身とか道徳と改めなくても、資料も残っているわけですから、折に触れて、こんな人だったと話題にできれば、故郷愛ももっと育つのではと思いました。そうして育った人が教育の現場に戻れば、よい循環ができていく。孫たちのために勇気を出して発言しました。

熊倉　ありがとうございます。まさにおっしゃる通りです。この場などを通して、検証しながら県民の皆さまと共有していくことを継続したいと思います。最後に、パネリストの皆さんに、これだけは一言をお願いします。

臼田　群馬県総合教育センターで作られた『郷土に光りを当てた人々』という本が上下二冊あり、その中で郷土で活躍された方々、例えば今回取り挙げたうち五人が紹介されています。昭和の終わりくらいに出たのでしょうか。とても良い本で、私も読んで『修身説約』と同じように感銘を受けたのですが、図書館でほとんど借り出されていないという記録がある一方で、いま求めようとしても買えない。私も、欲しい部分をコピーしたものを一部持っているだけです。とても残念だと思います。こういった本を、群馬県民であれば誰もが読めて共有の知識として知っていることが本当に望ましいと思います。増刷なり改定増補なりで、ぜひ出版していただけばとお願いして、話を締め括りたいと思います。ありがとうございました。

濱口　本日は、このように多くの方々にご参加いただき本当にありがたいと思っています。大学というのは教育・研究というのが従来の使命、ミッションでしたが、今は、地域貢献を加えた三つが大学の使命と強く言われております。本学は県立大学として、群馬の文化、あるいは歴史、言語、そういうものについて、しっかりと皆様のご期待に応えられるような地域貢献に努めていきたいと、改めて強く思いました。ありがとうございました。

手島　今回のシンポジウムでは、私くらいは楫取を批判しなければまずいだろうと、あえて批判をしましたが、私自身は、楫取素彦を大変尊敬しております。去年、没後百年で中村先生が中心で、私も裏方として様々な顕彰行事を行いました。没後百年といえば、明治天皇も乃木将軍も、やはり没後百年でした。明治天皇はさておいて、位、人爵で言えば、楫取より遥かに高い乃木さんの没後百年の顕彰なんて、どこでもやっていない。地元山口でも行われていない。楫取素彦没百年の顕彰は、萩、防府（ほうふ）、前橋の地方の三市で行われた。こんな人は楫取さんだけだろうと思います。

楫取素彦は至誠の人で、新島襄は良心と言いましたし、内村鑑三も至誠と言って、それを最高の徳目としました。しかし、至誠を通して出世できるとは限らない、むしろ駆け引きをして至誠でない方が地位は上がることが多い。しかし、人に最後に信頼され、人が敬慕する人は至誠の人だと思います。その意味で、楫取のような、ある程度知られている方の再評価、顕彰も当然ですが、埋もれた先人こそ発掘していただきたい。県民がそうした人々のことを語り合うようになれば大変良いことと思います。その中心的役割を県立女子大学に担っていただければと願います。

中村 楫取素彦は、第二次群馬県最初の県令、知事です。以来県令・知事は続いておりますが、楫取はやはり巨人であったと思います。維新の前の大変な動乱の時代を、命を懸けて生き抜いてきたこともあり、私は「行動する教育者」「行動する政治家」であったと思います。

信念を持って、草鞋がけで群馬県中をいろいろと歩き行動した。いろんな意味で種を蒔いた人だと思います。その後、種を育てられなかったという面も確かにあります。そこには、群馬の県民性の問題があるかもしれませんし、その後の行政や教育の問題もあるのではと思います。

楫取が地味な存在であったということは、真面目な政治家でもあったということですが、地味な性格で、小説に書かれたり映画になったりがなかったために埋もれていた。県議会でも、昨年の五月に初めて楫取についての評価が取り上げられた。今まで何をしていたのだという感じを私も受けたんですけれども、振り返って考えると、楫取素彦のことを巨人と申しましたが、それを支えたり、チェックする機能を果たす県議会が非常に弱体でした。当時は今のような民主的基盤のない県会ですから、やむをえないわけですが、あわせて楫取を支える行政マンとしてふさわしい人がいたかどうかということもあるかもしれません。

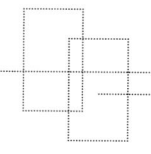

　そういった一切を含めて、今は、幕末にも似た国難の時と言われています。けれども、いろいろなまだ隠れた資料がまだあると思うので、楫取の蒔いた種を検証する、そういう時に来ています。この群馬学の一環として、県民の日の行事として、楫取素彦を取り上げていただいたということは、今後のステップとしてとても意義のあることだと私は思っております。貴重なご意見もいただきました。これからの課題にもなったと思います。ありがとうございました。

あとがき

　パネリストの皆さんに、出版に向けての校正をお願いした後、活字に起こして体裁を整える度に思うことだが、今回は、何時にも増して、シンポジウムによって立ち現われてきた課題の重さを痛感している。

　まず「上毛三山の謎に挑む」では、赤城・榛名・妙義、それぞれの信仰の歴史や捉え方については一定の合意が得られ、新知見も多数提供できたと思うが、かえって謎が深まった部分が少なくない。さらに「上毛三山」と題しながら、上毛三山という括り方がもたらした県民の精神風土や暮らしの変化と深まり、それが、今後、どのような実りをもたらしうるかについては、なお多くの議論が必要であることが明らかになったと言わざるをえない。

　続く「上毛三山の美に迫る」でご提示、ご議論いただけた作品は、本当に氷山の一角に過ぎないだろう。それでも、文学・美術の枠、県内・県外の枠をクロスして、三山への作家たちのアプローチとその成果を深く広く議論していただくことができた。作家たちの三山あるいは赤城・榛名・妙義それぞれへの距離感と接し方を通して群馬県民の立ち位置が見えてきた。それらをベースに新たな作品を誘発していくことも群馬学の課題でありたい。

　「天明三年浅間焼け」では、副題を「復興と語り継ぎが育む減災文化」としたが、研究者・宗教者の方々が、災害に立ち向かわれている現実を、それぞれの体験を通して真摯に話されることで、改めて、救援・復興・語り継ぎにおける「ことば」の持つ力の大きさと問題点を浮き彫りにすることができた。「ことば」は本学の学問的中核を為すものだけに、減災は無論、暮らしと風土を支える力としての「ことば」の復権を改めて心したい。

「芝居の国ぐんま」では、農村歌舞伎と人形芝居を中心に群馬の郷土芸能は元気であることが共有できた。そして多くの劇団が活動している背景に、あらゆる人と関係する「ものづくりの精神と技術」が息づいていることも実感いただけたと思う。しかし現実の上演活動は、場や資金をはじめ多くの壁に直面している。二〇一九年の国重要有形民俗文化財の上三原田歌舞伎舞台建立二百年に向け、芝居の国ぐんまを今こそ輝かせていきたい。

「県令・楫取素彦」は、NHK大河ドラマ「花燃ゆ」の放送開始などもあって県民の広く知るところとなってきた。本シンポジウムを通しても、楫取その人の偉大さや県民の精神と暮らしを向上させようとする設計図と、薫陶を受けた幾人かの人々の業績は明らかにできたが、楫取が提起し牽引した向上策が果たして継続させられたかの検証がますます大切になってきている。それは過去の問題ではなく現代の課題であることが痛感させられる。

ご多用のなかパネリストをお引き受けいただき、ご発言の収録・発刊にご同意いただいた方々に深く感謝の意を表して擱筆としたい。

二〇一五年三月

群馬学センター副センター長・教授　熊倉　浩靖

など。

第21〜25回　司会・編集責任　熊倉　浩靖【くまくら　ひろやす】
群馬県立女子大学教授・群馬学センター副センター長
1953年高崎市生まれ。京都大学理学部中退。2009年４月から群馬県立女子大学奉職。特定非営利活動法人NPOぐんま理事。著書に『古代東国の王者　上毛野氏の研究』『井上房一郎　人と功績』、『群馬史再発見』（共著）、研究報告書に『都市の世紀における文化遺産行政の展望』など。

主宰。制作会社サンファクトリー代表取締役。県立県民健康科学大学非常勤講師。県立女子大学群馬学センター第１期リサーチフェロー。ぐんま演劇人会議世話人。

生方　保光【うぶかた　やすみつ】　劇団「ザ・マルク・シアター」主宰
1960年沼田市生まれ。前橋市在住。1983年に結成した劇団「ザ・マルク・シアター」主宰し脚本・演出・出演。現存する郷土芸能を広く県民に周知するための企画・制作・運営を行う特定非営利活動法人ぐんま郷土芸能助っ人塾監事。2012年富岡製糸工場の創設期を描いた県民芸術祭参加事業『絹の国から』脚本・演出を担当。

五月　うか【さつき　うか】　劇団「どくんご」制作・俳優
1964年北海道釧路市生まれ。1985年、埼玉を拠点とする劇団「どくんご」に入団。制作・美術・衣装・人形製作・役者を担当。同劇団の全てのツアーに参加。2009年、鹿児島県出水市に劇団の拠点を移し、連年の長期テントツアーを行っている。

武藤　大祐【むとう　だいすけ】　群馬県立女子大学文学部准教授（美学・舞踊学）
1975年東京都生まれ。ダンス批評家。20世紀のダンス芸術の急激な発展を西洋とアジアの出会いの所産と見るグローバル・ヒストリーを研究。共著『バレエとダンスの歴史』（平凡社・2012年）、論文「大野一雄の1980年」（『群馬県立女子大学紀要』第33号・2012年）など。ジャカルタで隔年開催されるインドネシアン・ダンス・フェスティバルの共同キュレーターも務める。

■第25回

中村　紀雄【なかむら　のりお】　楫取素彦顕彰会会長・群馬県立女子大学評議員
1940年前橋市生まれ。東京大学文学部西洋史学科卒。群馬県議会議員現在７期。群馬県議会日中議員連盟会長。群馬県中国残留帰国者協会顧問。群馬書道協会顧問。群馬県立女子大学評議員。NPO群馬情報バンク代表。楫取素彦顕彰会会長等。著書に『上州の山河と共に』（煥乎堂・上毛出版文学賞受賞）『炎の山河』（煥乎堂・上毛出版文学賞受賞）『望郷の叫び』（上毛新聞社）『遥かなる白根』（煥乎堂）など。趣味は読書、映画、山歩き、マラソン。

手島　　仁【てしま　ひとし】　前橋市文化国際課副参事・群馬県立女子大学非常勤講師
1959年前橋市生まれ。立命館大学文学部史学科卒業。県立高校、群馬県史編纂室、県立歴史博物館などに勤務。県内の自治体史の編纂に携わる。楫取素彦顕彰会事務局長。著書に『総選挙でみる群馬の近代史』（みやま文庫・2002年）『中島知久平と国政研究会（上・下）』（みやま文庫・2005年・2007年）『群馬学とは』（朝日印刷工業・2010年）等。

臼田　直記【うすだ　なおき】　群馬県立女子大学群馬学センター第1期リサーチフェロー
1962年高崎市生まれ。北海道大学理学部数学科卒業。東京工業大学大学院社会工学科満期退学。著書に「『修身説約』についての感想」『群馬県立女子大学群馬学センター第1期リサーチフェロー研究報告集』（2012年）等。趣味は高校野球観戦。

濱口富士雄【はまぐち　ふじお】　群馬県立女子大学学長・群馬学センター長
1949年東京都江東区生まれ。大東文化大学大学院文学研究科中国学専攻博士課程修了。博士（文学）。中国古典学専攻。群馬県立女子大学教授などを経て2011年より群馬県立女子大学学長。第二回東方学会賞受賞。著書に『群馬の漢文碑（正・続）』（東豊書店・2007年・2012年）『中国思想史の流れ（下）』（晃洋書房。2006年）『改訂版　漢文語法の基礎』（東豊書店・2004年）『古医書語法の基礎』（東豊書店・2004年）、共編の辞典に『全訳　漢辞海』（三省堂・2000年）『三省堂セレクト漢和辞典』（三省堂・1988年）

んにおいでよ、わたしたちの！ 2007」など。

【司会】

権田　和士【ごんだ　かずひと】　群馬県立女子大学文学部教授

1964年、太田市（旧尾島町）生まれ。太田東高等学校、恵泉女学園大学などを経て現在に至る。小林秀雄を中心に日本近現代文学を研究。近代文学と宗教との関係を課題とする。論文に「小林秀雄『本居宣長』の神話理解と言語観」、「〈聖なるもの〉の表象をめぐって―夏目漱石『琴のそら音』私解―」など。

■第23回

松島　榮治【まつしま　えいじ】嬬恋郷土資料館名誉館長

1930年、勢多郡東村（現みどり市）生まれ。群馬大学学芸学部専攻生（史学科）修了。1979年に始まる人文・自然・社会諸科学の諸分野にわたる研究者で組織された「浅間山麓埋没村落総合調査会」に属し、鎌原村の発掘調査を従事担当。発掘調査では、記録や言い伝えにない数々の新事実を明らかにし“近世考古学”あるいは“災害考古学”の幕開けと評された。発掘調査の結果は名誉館長を務める嬬恋郷土資料館で整理・活用されている。「災害を学ぶ」ことから「災害に学ぶ」ことへの必要性を力説するなど、独自の活動を展開。みやま文庫副会長。

関　　俊明【せき　としあき】高山村立高山小学校教諭

1963年中之条町生まれ。群馬県埋蔵文化財事業団に勤務し、発掘調査を通して天明三年浅間災害と関わる。また、2002年にはイタリア・ポンペイ遺跡の発掘調査に参加。04、05年には内閣府中央防災会議「災害教訓の継承に関する専門調査会」小委員会委員を務める。地元住民として過去を語り継ぐフィールドミュージアム「日本のポンペイ（仮）」を構想。著書『浅間山大噴火の爪痕』（神泉社・2010年）

廣瀬　正史【ひろせ　せいし】少林山達磨寺住職

1954年高崎市生まれ。駒沢大学仏教学部仏教学科卒業。得度後、黄檗山禅堂で掛錫（修行）。1981年少林山達磨寺住職拝命。現在、黄檗宗審査員、黄檗宗東日本地区協議会会長、日本達磨会常任理事、世界達磨協会理事、高崎仏教会副会長、社会福祉法人群馬いのちの電話評議員、高崎地区保護司などを務める。著書に『よくわかるだるまさん』（チクマ秀版社）など。

竹田　晃子【たけだ　こうこ】国立国語研究所時空間変異研究系特任助教

専門は日本語学・方言学で、研究テーマは東北方言の文法と、明治・大正・昭和期の方言資料の発掘・分析。1992年群馬県立女子大学文学部国文学科卒業、1999年東北大学大学院文学研究科博士課程修了、博士（文学）東北大学。日本学術振興会特別研究員（ＰＤ）を経て、現在は首都圏の大学で非常勤講師をしながら、大学共同利用機関法人人間文化研究機構国立国語研究所で研究活動を続けている。

■第24回

金井　竹徳【かない　たけのり】　沼須人形芝居「あけぼの座」座長

1946年沼田市生まれ。東京写真学院卒。講談社写真部カメラマンを経て独立。フリー写真家。郷土芸能・文化財・石仏・歴史・民俗等の撮影・研究。沼須人形芝居「あけぼの座」座長。沼田市文化財調査委員・群馬県文化財保護指導委員。群馬石仏の会会長。写真集「石の心」シリーズ、『沼田路の道祖神』『山霊への紀行（群馬の磨崖仏）』など著書多数。

中村ひろみ【なかむら　ひろみ】　演劇プロデュース「とろんぷ・るいゆ」主宰

1963年東京都生まれ。前橋市在住。明治大学文学部演劇学科卒。演劇プロデュース「とろんぷ・るいゆ」

執筆者紹介（肩書はシンポジウム開催時のもの）

■第21回

大工原　豊【だいくはら　ゆたか】　國學院大学講師
1961年、甘楽町生まれ。國學院大学大学博士課程単位取得退学。現在國學院大学講師。かつて、安中市教育委員会に勤務し、市内の遺跡の発掘調査に従事し、また安中市ふるさと学習館学芸員として活躍。1998年、第六回石川薫記念地域文化賞奨励賞を受賞する。著書に『縄文石器研究序論』『群馬の旧石器』など。

時枝　　務【ときえだ　つとむ】　立正大学准教授、前・東京国立博物館歴史室長
1958年、高崎市生まれ。1980年立正大学文学部卒業。1984年立正大学大学院文学研究科修士課程修了。独立行政法人国立博物館東京国立博物館文化財部列品課列品室主任研究員、文化庁美術学芸課文化財調査官として力を発揮後、2006年から立正大学文学部史学科准教授。著書に『修験道の考古学的研究』、編著に『偽文書学入門』『郷土史と近代日本』など。博士（文学）。

北川　和秀【きたがわ　かずひで】　群馬県立女子大学文学部教授
1951年、東京都生まれ。1976年学習院大学文学部国文学科卒業。1983年同大学院博士後期課程修了。1985年群馬県立女子大学講師。2001年から同大学教授。国語学・上代文学専攻。著書に『続日本紀宣命　校本・総索引』『群馬の万葉歌』、論文に「古事記上巻と日本書紀神代巻との関係」「続日本紀諸本の系統」など。

熊倉　浩靖【くまくら　ひろやす】（後出、編集責任）

■第22回

岡田　芳保【おかだ　よしやす】　前・群馬県立土屋文明記念文学館館長
1937年、高崎市（日群馬町）生まれ。煥乎堂常務取締役を経て、群馬県立図書館長、「伊藤信吉の会」代表世話人、群馬県立土屋文明記念文学館館長（2006～09年度）などを歴任。2001年、長年にわたる地域文化に関する企画展や文芸講座などの活動が評価され、NHK関東甲信越地域放送文化賞を受賞。著作に詩画集『住谷夢幻の16のはなの詩による版画集』、詩集『光・風・空』など。

染谷　　滋【そめや しげる】　群馬県立館林美術館館長
1952年、兵庫県生まれ。近代日本美術（主に洋画）専攻。1981年、県立近代美術館（高崎市）に学芸員として勤務。「小出楢重展」「福沢一郎展」「湯浅一郎展」などを企画・実施。2009年、県立館林美術館に移り、2011年同館館長に就任。論文に「NOMOの時代、1960年代半ばの群馬の美術状況一断面」「群馬美術協会覚書 1941～1949」など。

杉本　　優【すぎもと　まさる】群馬県立女子大学文学部国文学科教授
1956年、高知県生まれ。武庫川女子大学、奈良教育大学を経て現在に至る。日本近現代文学を研究領域とし、とくに高村光太郎をはじめとして萩原朔太郎、北原白秋などの近代詩人たちの活動に関心を持つ。論文に「光太郎・帰国の問題」、「朔太郎のヴィジョン」、「白秋『薔薇二曲』ノート」など。

山崎　真一【やまざき　しんいち】　群馬県立女子大学文学部美術美術史学科准教授
1964年、神奈川県生まれ。都留文科大学文学部初等教育学科非常勤講師などを経て現在に至る。壁画、絵画を中心にインスタレーションなど幅広い創作活動を行う。地域社会と直接かかわり、美術と社会とのつながりを実践研究している。東京、大阪、韓国など国内外で発表している。論文に「びょうい

群馬学連続シンポジウム

群馬学の確立にむけて 6

平成27年 3 月29日　初版第 1 刷

編　集　群馬県立女子大学

発　行　上毛新聞社事業局出版部
〒371-8666　群馬県前橋市古市町1-50-21
TEL　027-254-9966
FAX　027-254-9906
E-mail book@raijin.com

定価はカバーに表示してあります